KB206113

빛과 어둠

빛과 어둠

Copyright © 새세대 2023

초판 1쇄 발행 ｜ 2023년 9월 13일

지은이 ｜ 곽요셉
펴낸곳 ｜ 도서출판 새세대
발행인 ｜ 곽요셉
이메일 ｜ churchgrowth@hanmail.net
홈페이지 ｜ www.newgenacademy.org
출판등록 ｜ 2009년 12월 18일 제20009-000055호
주소 ｜ 경기도 성남시 분당구 정자동 210-1
전화 ｜ 031)761-0338 팩스 031)761-1340

ISBN 979-11-88604-13-5 (03230)

잘못된 책은 구입처에서 교환해 드립니다.
책값은 뒤표지에 있습니다.

곽요셉
목 사
설교집

빛과 어둠

곽요셉 지음

도서
출판 새세대

"빛이 어둠에 비춰되." 이는 예수님께서 행하셨고, 오늘도 행하시는 일입니다. 성경은 참 빛이신 예수님께서 어둠인 세상 안으로 들어오신 성육신 사건으로 은혜와 진리의 빛, 복음의 빛, 영생의 빛, 사랑의 빛, 영광의 빛을 오늘도 비추고 계신다고 말씀합니다. 그런데 인간은 빛이 비쳤으나 깨닫지 못하는 전적인 타락 상태에 있습니다. 하나님으로부터 멀어지고 분리된 세상과 인류의 상태를 가리켜 어둠이라고 말씀하는데, 하나님 대신에 세상과 세상 것을 더 사랑하고 자기 유익을 좇는 삶을 의미합니다. 이 세상에서의 기쁨과 행복만을 추구하며 살아가는 것, 세상의 사고방식과 가치관을 따라 살아가는 것을 성경은 어둠이라고 말씀합니다.

하지만 빛이 비쳐졌고, 성경은 이 빛이 은혜와 진리의 빛이라고 말씀합니다. 그래서 그 빛을 알고, 영접하고, 믿어 하나님의 자녀가 된 사람은 빛을 보며 빛 가운데 살아갑니다. 성경에는 예수님의 예표로 각 시대마다 메시아의 빛을 비추는 사람들이 많이 등장합니다. 그런데 정작 신약성경에서는 빛이신 예수님이 세상에 왔지만 어둠 속에 있어 깨닫지 못하고, 오히려 십자가에 죽이는 사건이 일어났습니다. 그러나 그 빛을 영접한 믿음의 사람들은 이제 빛의 세계와 빛의 진리를 깨닫고 영원한 세계를 바라봅니다. 그리고 예수 그리스도 안에서 믿음으로 연합하여 예수 그리스도의 증인으로 살아갑니다.

이제 예수님께서 우리를 향해 엄청난 선언을 하십니다. "너희는 세상의 빛이라." 빛이신 예수님을 만났고 예수님과 함께 있는 제자들을 향해 하신 예수님의 말씀입니다. 또한 이것이 우리를 하나님의 자녀로 부르신 목적입니다. 하나님의 자녀는 세상의 빛으로, 그 사명 속에 살아갈 때 놀람과 기쁨, 감격과 은총을 체험하게 됩니다. 초대교회 성도들이 엄청난 박해 속에서, 또한 캄캄한 어둠의 세상 속에서 살았지만 감사와 경외로 일생을 살 수 있었던 이유가 여기에 있었습니다. 에베소서 5장 8절의 말씀입니다. "너희가 전에는 어둠이더니 이제는 주 안에서 빛이라 빛의 자녀들처럼 행하라."

이 책은 빛이신 예수님과 어둠인 세상에 대한 성경의 말씀을 증언합니다. 그리스도인이란 어둠에서 빛으로 변화된 사람으로, 빛이신 예수 그리스도께 속하여 살아가는 사람을 가리킵니다. 다시 말해, 하나님의 자녀란 빛이신 예수님을 따라 이 세상에서 하나님의 자녀답게 거룩을 지향하며 복음의 증인으로 구별된 인생을 살아가는 사람입니다. 이 책을 읽고 묵상하면서 예수 그리스도를 붙잡고, 그 은혜 안에 빛의 자녀답게 생각하며 영의 생각에 이끌려 빛을 나타내면서 오늘을 살아가시기를 바랍니다.

차 례

빛과 어둠

태초에 말씀이 계시니라 이 말씀이 하나님과 함께 계셨으니 이 말씀은 곧 하나님이시니라 그가 태초에 하나님과 함께 계셨고 만물이 그로 말미암아 지은 바 되었으니 지은 것이 하나도 그가 없이는 된 것이 없느니라 그 안에 생명이 있었으니 이 생명은 사람들의 빛이라 빛이 어둠에 비치되 어둠이 깨닫지 못하더라

요 1:1-5

01

빛과 어둠

1976년 7월 26일, 미국에서 발사한 아폴로 15호가 달에 도착했습니다. 인류 역사상 처음으로 달에 도착한 것입니다. 온 인류가 TV를 통해서 그 장면을 보았고, 저도 동참했었습니다. 당시 조종사였던 제임스 어윈은 사흘 동안 달의 표면을 탐사하던 중 눈에 띄는 하얀 돌을 채취했습니다. 그리고 집으로 돌아와 이 돌을 "창세기의 돌"(Genesis Rock)이라고 명명했고, 많은 이들에게 엄청난 칭송과 존경을 얻게 되었습니다. 역사적인 날을 기념하는 축하연에서 그를 향해 환호하던 사람들에게 그는 단호하게 말했습니다. "인류 역사상 최고의 날은 인간이 달에 도착한 날이 아닙니다. 인류 역사상 최고의 날은 바로 하나님의 아들 그리스도가 이 땅에 오신 날입니다." 깊이 생각해 보시기 바랍니다.

예수 그리스도를 아는 지식의 충만함

성도 여러분, 인류 최초로 인간이 달에 도착한 날을 기억하고 생각하는 사람은 그날이 참으로 놀람과 경외와 신비와 감격으로 가득한 날이었음을 회상합니다. 저 역시도 그러한 마음 상태로 그 장면을 보았습니다. 그런데 어떻습니까? 여러분은 예수 그리스도를 생각할 때 이와 같은 마음을 경험하고 오늘을 살아가십니까? 예수님의 성육신, 예수님의 십자가, 예수님의 부활, 예수님의 생애를 생각할 때 놀람과 경외와 감격과 기쁨과 감사를 체험하며 오늘을 살아가십니까? '나는 구원받은 하나님의 자녀다. 난 천국 백성이다. 나는 죄 사함을 받았고, 하나님의 의를 얻었다. 영생을 얻었다. 내 안에 성령께서 계시다', 이것에 대해 정말 내 속에 놀람과 경외와 신비와 기쁨이 나타나고 있습니까? 만일 그렇지 못하면 무언가 잘못된 신앙생활을 하고 있는 것입니다. 사도행전에는 초대교회의 모습이 잘 기록되어 있습니다. 기독교 역사가 잘 나타나고 있습니다. 그 내용의 핵심은 초대교회 교인들이 엄청난 박해 속에서, 또한 캄캄한 어둠의 세상에서 살았지만 기쁨과 경외와 감사와 놀라움으로 일생을 살았다는 것입니다. 오늘날의 그리스도인과 비교해 보면 너무나도 현저한 차이가 있습니다. 그 이유가 무엇이겠습니까?

인도에 간 한 선교사가 예수님을 처음 영접한 인도인에게 물었습니다. "예수님이 어떤 분이라고 생각하십니까?" 그러자 그는 아주 이상한 방법으로 자기 생각을 표현했습니다. 먼저 허리를 굽히고 땅에 앉더니 마른 잎을 모아 둥그렇게 해놓고, 그 안에 벌레를 한 마리 집어넣었습니다. 그리고 그 나뭇가지에 불을 붙이니, 둥글게 주변이 불타는 것입니다. 벌레가 그곳에서 나오려고 몸부림칩니다. 최선을 다하고 모든 방법을 다 하지만 헛수고입니다. 스스로 바깥으로 나올 수가 없습니다. 이제 그 사람이 그 벌레를 밖으로 끄집어내 땅 위에 올려놓고 말합니다. "예수님은 나를 위하여 바로 이렇게 하셨습니다. 나를 구원하셨습니다."

성도 여러분, 이 위대한 사건을 기억함에도 불구하고 놀람과 경외와 기쁨과 감사가 없다면 무언가가 잘못된 것입니다. 예수님을 믿고, 하나님의 일에 봉사하면서도 왜 이런 놀람, 신비, 감격, 기쁨을 점점 상실한 채 살아가는 것입니까? 그 이유가 무엇입니까? 성경의 대답은 명료합니다. 예수 그리스도와의 관계가 잘못되었기 때문입니다. 예수 그리스도를 아는 지식의 충만함에 이르지 못했기 때문입니다. 지금 예수님과 나 사이의 관계가 바르지 못하기 때문입니다. 비록 예수님을 나의 구주요 구세주로 고백하지만, 그것은 말뿐이고 어느덧 나도 모르는 사이에 예수님을 추상화하고 있기 때문입니다. 이런 잘못된 상태의 인생에 대한 책임이 누구에게 있습니까? 바로 인간에게 있습니다. 나에게 책임이 있다는 사실을 항상 기억해야 합니다.

구체적으로 진술하면 성경은 그 이유로 두 가지를 말씀합니다. 첫째, 무지입니다. 예수님을 알기는 아는데 충만하게 알지 못합니다. 띄엄띄엄 아는 것입니다. 그리스도를 아는 지식의 충만함에 이르지 못했습니다. 예수님이 누구신지, 무슨 일을 하셨는지 제대로 알지 못하는 것입니다. 성경은 한 권이고 좁히면 복음서가 네 개밖에 되지 않는데도, 아직 그 안에서 그리스도를 만나지 못한 것입니다. 두 번째 이유는 왜곡입니다. 그리스도를 아는 지식이 지금 잘못되었습니다. 성경공부도 많이 하고, 설교도 많이 듣고, 예수님을 안다고 하지만 뭔가 왜곡되었습니다. 왜곡된 진리에 빠져서 기쁨을 상실하고 있는 것입니다.

요한복음의 기록의 목적을 바로 여기에서 찾을 수 있습니다. 요한복음은 마태, 마가, 누가 이 세 개의 복음서를 알고 이미 읽은 사도 요한이 가장 마지막으로 기록한 성경입니다. 예수 그리스도에 대한 최종 계시가 교회를 향하여, 인류를 향하여 나타나 있는 책이 요한복음입니다. 왜냐하면 그 당시 초대교회 교인들은 참으로 놀람과 경외와 기쁨으로 은혜 충만한 신앙생활을 했지만, 계속되는 박해와 고통과 억압 속에서 슬픔과 고통과 두려움과 절망에 자주 접하다보니 무너지기 시작합니다. 그래서 많은 그리스도인이 두려움과 근심과 절망 속에 살아가게 됩니다. 그들 속에서 놀람과 신비와 경이로움이 상실되어 가고 있는 상태에 이르게 된 것입니다.

뿐만 아니라 이단 사상이, 왜곡된 진리가 교회 안에 들어옵니다. 예수 그리스도를 아는 지식을 자꾸 왜곡하는 것입니다. 잘못된 복음을 전합니다. 서신서에 보면 그런 기록이 가득 나타나 있습니다. 이제 이러한 교인들, 그리고 교회의 위기 속에 성령께서 사도 요한을 세워 마지막으로 그리스도를 아는 지식을 계시하게 됩니다. 다시 말해서, 현재 상태에서 잘못된 신앙생활의 최종적인 해결책을 주시는 것입니다. 그래서 요한복음에는 다른 세 복음서에 없는, 그러한 은혜와 진리의 말씀이 가득 나타나 있습니다.

빛으로 오신 예수 그리스도

성령께서 요한을 통해 우리에게 주신 해결책이 본문 5절에 나타나 있습니다. 항상 묵상하며 이 말씀 안에서 영의 생각에 이끌리어 오늘을 살아가야 합니다. "빛이 어둠에 비치되 어둠이 깨닫지 못하더라." 이 말씀은 예수님이 누구시며, 어떤 일을 하셨는지를 명확하게 계시하고 있습니다. 성도 여러분, 예수님은 빛으로 오신 분입니다. 예수님은 빛입니다. 생명의 빛이요, 구원의 빛이요, 말씀의 빛입니다. 그 빛이 이 땅에 오지 않았다면 어느 누구도 구원받을 수 없습니다. 예수님은 은혜의 빛이요, 진리의 빛이요, 영광의 빛입니다. 그 빛이 내 안에 임하지 않았다면, 우리는 예수님과 아무 관계없는 자로 살아갈 것입니다. 예수님은 하나님의 빛이요, 하나님을 아는 지식의 빛입니다. 그 빛이 내 안에 비추지 않았다면, 어느 누구도 하나님과 바른 관계를 맺을 수 없고, 하나님의 자녀가 될 수 없다는 사실을 기억해야 합니다.

"빛이 어둠에 비치되." 이를 예수님께서 행하셨고, 오늘도 행하고 계십니다. 예수님께서 이 생명의 빛, 복음의 빛, 은혜의 빛, 사랑의 빛, 영광의 빛을 비추고 계십니다. 빛이 어둠 속으로, 내 안으로, 세상 안으로 들어온 것이 성육신 사건입니다. 요한복음 1장 1절은 이렇게 말씀합니다. "태초에 말씀이 계시니라 이 말씀이 하나님과 함께 계셨으니 이 말씀은 곧 하나님이시니라." 그리고 14절에 가서 말씀합니다. "말씀이 육신이 되어 우리 가운데 거하시매." 빛이 어둠 속으로 들어왔습니다. 내 안으로 들어온 것입니다. 그리고 예수 그리스도 안에 "은혜와 진리가 충만하더라"고 말씀합니다. 그 빛이 왔는데, 이 예수는 하나님이 인간이 되신 분입니다. 이 빛 예수는 영광의 빛이요, 복음의 빛이요, 구원의 빛입니다. 이 사실을 항상 기억해야 합니다. 예수님의 빛이 내 안에, 이 세상 안에 비추어졌음을 알고, 깨닫고, 영접하고, 믿고, 확신하며 오늘을 살고 계십니까? 그렇다면 그 사람은 지금 예수님과 바른 관계를 맺고 오늘을 살아가는 것입니다. 그럴 때, 그 속에 경외와 신비와 놀람과 감격과 기쁨이 항상 있을 것입니다. 반면 그 빛이 내 안에 비추었고 이 세상에 왔다는 이 사실을 망각한다면 놀람도, 경외도, 기쁨도 없을 것입니다.

어둠은 세상과 인류를 의미합니다. 성경은 어두운 세상, 어두운 인간을 말씀합니다. 그 속에는 하나님이 없습니다. 하나님을 경외하지도 않습니다. 하나님께 영광 돌리지도 않습니다. 하나님을 사랑하지 않습니다. 오늘까지 그렇습니다. 하나님 대신으로, 빛 대신으로 어둠을 더 사랑해서 세상을 더 좋아하고 세상 것을 더 사랑합니다. 나를 더 사랑합니다. 자기 유익을 좇아 오늘을 살아갑니다. 이 세상에서 기쁨과 안정과 행복을 추구하며 살아갑니다. 이 자체가 어둠인 것입니다.

"빛이 어둠에 비치되 어둠이 깨닫지 못하더라." 이것을 성경은 타락이라고 말씀합니다. 전적인 타락입니다. 창조 때 하나님께서 하나님의 형상을 주시어 인간을 창조하셨습니다. 하나님의 형상이 있어 빛 가운데 행합니다. 빛 가운데서 하나님과 교제하고, 하나님을 기뻐하고, 하나님의 말씀에 순종하고, 하나님께 예배드립니다. 그런데 사탄의 유혹으로 말미암아 죄를 짓고, 하나님으로부터 떨어집니다. 하나님으로부터 멀어집니다. 어둠의 상태, 바로 그 상태를 의미하는 것입니다.

예수님이 오신 때가 캄캄한 어둠의 때였습니다. 이 사실을 항상 기억해야 합니다. "의인은 없나니 하나도 없으며"(롬 3:10) 온통 깜깜합니다. 그래서 성경은 악한 세대, 패역한 세대라고 말씀합니다. 초대교회의 메시지, 복음이 이것입니다. "이 패역한 세대에서 구원을 받으라"(행 2:40). 그러한 세상으로부터 옮겨지는 것입니다. 그래서 이사야서 60장 2절에 예언의 말씀이 이미 선포되어 있습니다. "보라 어둠이 땅을 덮을 것이며 캄캄함이 만민을 가리려니와 오직 여호와께서 네 위에 임하실 것이며 그의 영광이 네 위에 나타나리니." 예수 그리스도께서 이 땅에 오신 것이 바로 이 말씀의 성취입니다. 어둠이, 캄캄함이 온 만민을, 세상을 덮었습니다. 그래서 빛이 왔으나 깨닫지 못하더라고 합니다. 성도 여러분, 그때만 그런 것입니까? 오늘까지도 그런 것입니다. 하나님의 교회가 있고, 복음이 선포되고, 하나님의 자녀가 있지만 아직도 어둠의 상태가, 어둠의 깊이가 더해지는 그러한 상태라는 것을 우리는 인식해야 합니다.

어두운 세상

이 세상이 어둠이라는 것은 자꾸 눈에 보이는 것을 찾지 말라는 것입니다. 이것은 세상 안에 있는 세상적 관점, 지식, 세계관, 가치관을 말하는 것입니다. 한마디로 세상 중심의 사고방식, 그 모든 것이 어둠입니다. 그래서 그 세상의 지식 안에는 하나님이 없고, 하나님을 경외하지도 않고 사랑하지도 않습니다. 대신 왜곡된 진리만 가득합니다. 하나님을 알지 못하는 왜곡된 진리, 그 안에서 종교가 나타나고, 사상이 나타나고, 철학적 교훈이 나타나고, 세상 교육이 진행되는 것입니다. 소위 오늘날 이런 것들을 '~주의', '~이즘'이라고 말할 수 있습니다. 곧 물질주의, 상대주의, 인본주의, 종교다원주의와 같은 것들로 모두 어둠입니다. 사회주의, 공산주의, 심지어 민주주의도 그 속에 하나님이 없습니다. 어둠입니다. 소유 중심주의, 자본주의, 소비주의 이 모든 것이 다 왜곡된 진리관을 나타내고 있습니다. 그 어디에도 하나님을 경외하고 하나님을 전심으로 사랑하는 그 빛이 없습니다. 그럼에도 "깨닫지 못하더라"고 말씀합니다.

그런데 최악의 경우는 바로 이것입니다. 그 세상의 어둠이 인간 속으로 들어오는 것입니다. 내 안에 있다는 것입니다. 내 안에 내재됩니다. 인간의 본성 안으로 뚫고 들어와서 본성이 타락했습니다. 성경은 말씀합니다. '죄가 인간의 본성 안으로 들어와 죄인이 되었다. 죄의 종이 되었다.' 그래서 하나님께 순종하지 않고, 하나님을 전심으로 사랑하지 못하는 상태에 이른 것을 계시하고 있습니다. 어둠입니다. 이 어둠이 인간 안에 들어오니까 우리 안에 제일 먼저 나타나는 현상이 영적 무지와 영적 무감각입니다. 이런 무지가 우리 안에 나타난 것입니다. 하나님의 형상으로 창조된 자인데도, 하나님을 알 만한 지식이 있고 또 하나님을 볼 수 있는 영적 눈이 있어야 되는데 깜깜합니다. 깜깜한 데 묻혔습니다. 결국 하나님을 아는 지식이 없습니다. 때로는 있는 것 같지만 왜곡된 지식에 끌려갑니다. 그래서 하나님께서 성경을 통하여 말씀하십니다. "내 백성이 지식이 없으므로 망하는도다"(호 4:6). 바로 하나님을 아는 지식이 없어 망하는 것입니다.

하나님의 진노와 심판이 임하는 것은 하나님을 아는 지식이 없으므로 나타나는 것입니다. 은혜와 진리가 왜곡되었습니다. 어둠의 세상을 말합니다. 대표적인 것이 진화론입니다. 모든 과학 지식의 근거가 진화론입니다. 진화론, 그 안에는 하나님이 없습니다. 하나님을 사랑하지도 않습니다. 모든 것이 진화되는 것입니다. 인본주의로 개혁되고, 개선해서 발전된다는 것입니다. 진화되어, 그래서 좋은 세상, 좋은 인류가 나타날 것이라고 주장합니다. 진화되는 과정, 그 안 어디에도 창조주 하나님, 역사의 주인이신 하나님이 없습니다. 그러니까 그 진화론에 근거하여 인류의 조상을 과학적으로, 이성적으로 설명하려고 합니다.

하지만 그 결과는 하나님의 형상을 잃어버린 육체의 인간으로 전락시킵니다. 그러니 빛을 깨닫지 못합니다. 깨닫지 못할 뿐만 아니라, 어둠 자체를 알지 못하는 상태에 이르게 됩니다. 그래서 죄인은 잘못된 관점과 사고방식으로 오늘을 생각하고 살아갑니다. 그 결과로 잘못된 생각과 판단에 이르게 됩니다. 이것이 어둠입니다. 우리 안에 있는 지·정·의가 타락했습니다. 어둠에 속하여 타락한 본성으로 오늘을 살게 됩니다. 이것이 성경이 말하는 전체 인류의 상태입니다. 이 모든 것을 어떻게 밝히 알며, 인식하며, 오늘을 살아갈 수 있습니까? 그 답이 오늘 본문 5절 말씀입니다. "빛이 어둠에 비치되 어둠이 깨닫지 못하더라." 오늘도 빛이 왔으되 예수 그리스도가 누구신지를 모르고, 하나님이 누구신지를 모르는 상태에 있는 이 현실을 성경은 명료하게 나타내주고 있습니다.

이런 일화가 있습니다. 어느 부부가 결혼 20년 만에 새로운 집으로 이사를 갔습니다. 너무나 기뻤습니다. 가구도 다 바꾸고, 모든 집기도 다 바꾸었습니다. 새것으로 바꾸었습니다. 너무나 좋았습니다. 부부는 마주 앉아 차를 마시면서 흡족한 상태로 얼굴을 마주 보았습니다. 그러다가 각자 이런 생각을 했답니다. "이젠 너만 바꾸면 되는데." 아무리 좋은 환경이 있으면 뭐합니까? 어둠 가운데 있는 인간이 가장 문제입니다. 그 죄인을, 어둠의 존재를 구원하시기 위해 예수님께서 빛으로 오시어 오늘도 빛을 비추고 계신 것입니다.

어두운 세상 가운데 빛으로 오심

자신을 항상 체크해 보십시오. 두 가지 하나님의 방식이 있습니다. 첫째가 율법입니다. 정말 온 마음으로 하나님을 사랑하고, 이웃을 내 몸과 같이 사랑합니까? 그런 상태가 전혀 아닌 그때 내 안에 남아 있는 것이 어둠의 잔재입니다. 둘째, 더 적극적으로 빛이신 예수 그리스도를 바라보며 빛 가운데 있습니까? 그것을 인식하지 못한 상태라면 또다시 내 신앙고백은 말뿐입니다. 삶이 여전히 어둠 가운데 있는 것입니다.

성도 여러분, 십자가가 무엇을 계시합니까? 우리가 예배당 안에서 제일 먼저 보는 것이 예수 그리스도의 십자가입니다. 그것은 어둠을 깨닫게 합니다. "빛이 어둠에 비치되 어둠이 깨닫지 못하더라." 예수님 당시도 그랬고, 오늘도 그렇고, 내일도 그럴 것입니다. 빛이 비치되 어둠이 깨닫지 못합니다. 결국 그 어둠의 권세가 예수님을 잡아 죽이는 것 아닙니까? 이 모든 사실을 알고도 하나님은 예수 그리스도를 보내셨고, 예수 그리스도는 이 땅에 오시어 영광의 빛, 은혜의 빛, 복음의 빛을 비추셨습니다. 이것을 항상 알아야 합니다.

오늘날 현대 과학, 지식, 문명을 자랑하지만, 그 속에 무슨 깨달음이 있습니까? 몸이 좀 편한 것일 뿐, 빛이 어둠에 비취되 깨닫지 못하는 것이 계속 진행 중인 것입니다. 우리는 이 어둠 속에서 오늘을 살아갑니다. 그러나 빛이 비추어졌고, 그 빛을 알고 영접하고 믿는 자, 하나님 자녀 된 자는 이제 압니다. 빛이 비치어 내가 하나님의 자녀가 된 것입니다. 이제 세상이 보지 못하는 것을 보고 살아갑니다. 빛이 왔습니다. 오늘도 복음의 빛이 비추이고 있는 것입니다. 이제 내가 하나님의 자녀가 되었습니다. 이것을 깨달을 때 얼마나 놀랍고, 경이롭고, 신비롭고, 감사한 일입니까!

구약성경을 읽으면 많은 하나님의 사람들을 볼 수 있습니다. 그들 모두가 빛의 사람들입니다. 그런데 그들은 아직 예수 그리스도의 빛을 보지 못했습니다. 예수 그리스도의 빛을 대면하지 못했습니다. 그렇기에 부분적인 빛을 나타내는 그런 사람들입니다. 어느 시대건 우상숭배가 많은 곳에서 하나님을 경외하며, 하나님을 찬양하며, 하나님께 예배했습니다. 아브라함이 그랬고, 모세가 그랬고, 여호수아가 그랬고, 다윗이 그랬고, 요셉이 그랬고, 하나님의 사람들이 그랬습니다. 각 시대마다 그들은 빛을 비추는 빛의 사람들입니다. 그들 모두는 예수님의 예표입니다. 구주 되신 메시아의 빛, 그 빛이 오는 것을 간접적으로, 부분적으로 보여준 사람들입니다. 그것이 구약성경의 이야기입니다. 그리고 그 빛이 왔으되 어둠으로 깨닫지 못하는 사건의 기록이 신약성경입니다. 빛이 왔으되 깨닫지 못하고, 십자가에 죽입니다. 그러나 그 빛을 영접하고 맞이한 믿음의 자녀들은 이제 영원한 세계를 바라봅니다. 빛의 세계를 봅니다. 빛의 진리를 깨닫습니다. 비록 죄인이지만, 계속 빛으로 다가가고 싶은 것입니다. 그리고 이 세상에서 예수 그리스도의 증인으로 살아갑니다. 얼마나 놀라운 변화입니까!

마태복음 5장 14절에서 예수님이 말씀하십니다. "너희는 세상의 빛이라." 엄청난 선언입니다. 온전한 빛이 아닌데, 그럼에도 불구하고 제자들을 향해서 말씀하십니다. "너희는 세상의 빛이라." 왜요? 빛이신 예수 그리스도를 만났고, 예수님과 함께 있기 때문입니다. "이제 빛의 자녀로 살아라. 너희는 세상의 빛이다." 이것이 하나님의 부르심의 목적입니다. 모든 하나님의 자녀는 세상의 빛으로, 그 사명 속에 살아갈 때 놀람과 기쁨과 감격과 은총을 체험하게 됩니다. 에베소서 5장 8절에 있는 하나님의 말씀입니다. "너희가 전에는 어둠이더니 이제는 주 안에서 빛이라 빛의 자녀들처럼 행하라."

성도 여러분, 예수님께서 행하신 일이 바로 이것입니다. 빛을 비추며 빛의 자녀로 우리를 부르신 것입니다. 이제 그 빛의 자녀는 전에는 어둠이었지만 이제는 빛의 자녀입니다. 이 진리의 빛 안에서 오늘을 살아갑니다. 비록 나약하고, 힘없고, 무력하고, 구제 불능한 죄인이라 할지라도 빛의 자녀로 부름을 받은 것입니다. 이 사실을 알 때 예수 그리스도와 나와의 바른 관계, 빛과 빛의 자녀의 관계가 바르게 인식됩니다. 그 확신 속에 살아갈 때 성령께서 우리 안에 기쁨과 놀람과 경외와 신비와 은총을 채우십니다.

하나님의 사람 무디 목사님에게 한 사람이 찾아와 물었습니다. "목사님, 저는 지금 회개했습니다. 이제 예수 그리스도를 영접했습니다. 그러니 이 세상을 온전히 버려야 합니까? 저는 자신이 없습니다." 목사님이 대답합니다. "아니, 버리지 않으셔도 됩니다. 어둠의 세상을 버리지 않으셔도 됩니다." 그러자 그는 걱정스러운 듯 다시 물었습니다. "정말 버리지 않아도 됩니까?" 목사님은 이렇게 대답했답니다. "그렇습니다. 만약 당신이 담대하게 예수는 하나님의 아들이라고 증거만 한다면, 세상 사람들은 즉시 당신을 배척할 것입니다. 왜냐하면 세상에서는 그러한 사람을 용납하지 않기 때문입니다."

정말 그렇습니다. 빛이신 예수 그리스도를 증거하면 택함받지 못한, 부르심 받지 못한 불신자는 빛이신 예수님을 싫어합니다. 왜냐하면 그들은 세상을 더 좋아하기 때문이라고 성경은 말씀합니다. 어둠은 빛을 싫어합니다. 심지어 빛을 배척합니다. 성도 여러분, 빛으로 오신 예수 그리스도에 대한 확신을 가지고 오늘을 살아가야 합니다. 어두운 세상 속에 어둠의 존재였던 내가 그 빛을 받아 믿음으로 하나님의 자녀 되었음을 확신하며 오늘을 살아가야 합니다. 이것은 추상적인 얘기가 아닙니다. 언제든지 빛과 어둠의 관계를 내 안에, 세상 안에 적용해 보십시오. "빛이 어둠에 비치되 어둠이 깨닫지 못하더라." 지금 우리는 세상 속에서 살아갑니다. 성령의 역사는 우리 안에서 이 위대한 복음의 진리를 깨닫게 하십니다. 빛으로 오신 예수님, 그 빛이 내 안에서 이 빛을 알고 깨닫고 영접하여 믿음으로 하나님의 자녀 되었음을, 빛의 자녀 되었음을 항상 인식하게 합니다. 그리고 이 일에 증인으로 살아가게 합니다. 그 현장에서 우리 안에 감격과 놀람과 경외와 신비와 기쁨을 체험하게 됩니다. 성경은 명백하게 선언합니다. "빛이 어둠에 비치되 어둠이 깨닫지 못하더라." 그래서 하나님의 자녀만이 빛 되신 예수 그리스도를 따르는 삶을 사는 것입니다. 어둠을 이기고 어둠 속에서 빛의 자녀로, 그 빛 되신 예수 그리스도의 생각과 지식과 마음을 본받는 자로 오늘을 살아가게 됩니다. 그리고 복음의 빛을 비추며 하나님께 영광 돌리는 삶을 살아가게 됩니다.

21세기, 참으로 불확실한 미래입니다. 코로나19로 이미 우리가 체험하고 있습니다. 이다음에 어떻게 될지 아무도 모릅니다. 이럴수록 이 어두운 세상에 살지만 하나님의 자녀는 빛을 보며, 빛의 생각에 이끌리어 빛의 증인으로 살아야 합니다. 예수 그리스도를 붙잡고, 그 은혜 안에서 빛의 자녀답게 생각하며, 영의 생각에 이끌리어 빛을 나타내며 오늘을 살아가야 할 것입니다.

기 도

전지전능하신 은혜의 하나님, 어둡고 캄캄한 이 세상에 예수 그리스도를 보내시어 하나님의 빛을 나타내시고 영생의 빛, 구원의 빛, 진리의 빛, 은혜의 빛 아래 믿음으로 하나님의 자녀 되는 은총을 받아, 이제는 어둠이 아니라 빛의 자녀로 영원한 세계를 바라보며, 영원한 진리를 증거하며 담대한 인생을 살게 해주심을 진심으로 감사드립니다. 나의 주 성령이시여, 우리 안에 거하시어 항상 주 안에 믿음으로 연합하며, 빛의 세계를 바라보며, 빛의 비춤을 갈망하며, 기뻐하며, 빛의 자녀답게 생각하며, 복음의 빛을 나타내는 영광된 승리의 삶을 살도록 함께하여 주시옵소서. 우리 주 예수 그리스도의 이름으로 간절히 기도드리옵나이다. 아멘.

은혜와 진리

말씀이 육신이 되어 우리 가운데 거하시매 우리가 그의 영광을 보니 아버지의 독생자의 영광이요 은혜와 진리가 충만하더라 요한이 그에 대하여 증언하여 외쳐 이르되 내가 전에 말하기를 내 뒤에 오시는 이가 나보다 앞선 것은 나보다 먼저 계심이라 한 것이 이 사람을 가리킴이라 하니라 우리가 다 그의 충만한 데서 받으니 은혜 위에 은혜러라 율법은 모세로 말미암아 주어진 것이요 은혜와 진리는 예수 그리스도로 말미암아 온 것이라 본래 하나님을 본 사람이 없으되 아버지 품 속에 있는 독생하신 하나님이 나타내셨느니라

요 1:14-18

02

은혜와 진리

어느 날, 하나님을 믿는 한 노인이 길을 걷는 중에 그 도시의 유명한 의사와 만나서 얘기를 주고받게 되었는데, 그 의사는 불신자였습니다. 의사는 노인에게 이렇게 말했습니다. "당신처럼 명철한 어르신께서 하나님이라는 신을 믿으시다니 저는 그저 놀랄 뿐입니다." 그러자 노인은 의사에게 이렇게 질문했다고 합니다. "선생님, 몇 년 전에 사람들이 아파서 약을 처방해 주었는데 그들이 다 치료를 받았다고 합시다. 그런데도 그 처방과 약을 믿지 않고 계속 거부하는 사람이 있다면 선생님은 그들을 어떻게 생각하시겠습니까?" 그 의사는 자신 있게 대답했습니다. "그 사람은 바보입니다." 그 말에 노인이 다시 이렇게 질문했습니다. "저는 25년 전에 하나님의 복음을 영접하고 하나님의 은혜와 능력을 사용해 보았습니다. 그것이 저를 완전히 다른 사람으로 바꿔놓았습니다. 그 이후 저는 계속 다른 사람들에게 은혜의 복음을 전해주었는데, 그것을 믿고 받아들이는 사람들 중에 구원받지 못한 사람은 한 사람도 없었습니다. 그런데도 그 복음을 믿지 않고 거부하는 사람이 있다면 당신은 그 사람을 어떻게 생각하시겠습니까?"

예수 그리스도 안에 나타난 참 빛

성도 여러분, 세상의 모든 근원적인 문제에 대한 최종 해결책은 하나님의 복음 안에 있습니다. 그 복음을 전하기 위하여 예수님께서 이 땅에 오셨습니다. 오직 예수 그리스도 안에 하나님의 복음이 완전히 계시되어 있습니다. 요한복음 1장 5절은 이렇게 기록합니다. "빛이 어둠에 비치되." 항상 묵상하며 살아가시기 바랍니다. 빛이 어둠에 왔습니다. 어두운 세상으로 왔고, 어두운 내 안에 왔습니다. 빛이 어둠에 왔다는 것을 항상 기억해야 할 것입니다. 거듭난 그리스도인은 어둠에서 빛으로 구원받은 하나님의 자녀입니다. 이 놀라운 사실을 항상 기억하며, 기뻐하며, 증거하며 오늘을 살아가야 합니다. 이 복음 안에, 그 복음의 능력 안에 나는 매일매일 놀람과 경외와 기쁨과 감격을 체험하게 됩니다. 그래서 그리스도인은 항상 예수 그리스도 안에서 믿음으로 연합하여 그리스도를 본받으며, 그리스도를 따르는 삶을 살게 됩니다. 그것이 그리스도인의 변화된 인생입니다.

교훈적인 이야기가 있습니다. 한 바보가 랍비에게 찾아와 말했습니다. "랍비님, 저는 제가 바보라는 것을 압니다. 그래서 이 일을 제가 어떻게 처리해야 할지 모르겠습니다." 그 말에 랍비가 감탄했답니다. "네 자신이 바보라는 것을 안다면, 너는 결코 바보가 아니다. 너는 지혜로운 사람이다." 바보가 다시 물었습니다. "그런데 왜 사람들은 나를 바보라고 하나요? 그래서 저는 제가 바보인 줄 알고 항상 살았습니다." 그 말을 들은 랍비가 다시 말했습니다. "그래? 바보가 아닌데 사람들이 너를 바보라고 생각한다고 해서 스스로 바보라고 생각한다면, 너는 틀림없는 바보이다." 성도 여러분, 세상이 뭐라고 하든지 우리는 예수 그리스도 안에서, 하나님의 복음 안에서 자신의 정체성을 알고 인식하며 오늘을 살아가야 합니다. 전에는 어둠 속에 살았지만, 이제는 빛 가운데 살아가는 빛의 자녀입니다. 내가 누구인지를 항상 기억하며 오늘을 살아가야 합니다.

그런데 예수 그리스도 안에 나타난 빛, 참 빛은 무엇을 의미합니까? 이것을 정확하게 알아야 합니다. 오늘 성경 본문은 은혜와 진리라고 말씀해 주고 있습니다. 은혜와 진리의 빛이 나타난 것입니다. 이 사실을 항상 묵상하며 오늘을 살아가야 합니다. 우리가 예수 그리스도 안에 살아간다는 것, 예수 그리스도를 믿음으로 연합한다는 것은 바로 이것을 의미합니다. 예수 그리스도를 통해 나타난 은혜와 진리 안에서 살아가는 것을 뜻합니다. 그래서 오늘 우리에게 주신 하나님의 말씀이 17절에 이렇게 기록되어 있습니다. "율법은 모세로 말미암아 주어진 것이요 은혜와 진리는 예수 그리스도로 말미암아 온 것이라." '은혜와 진리는 예수 그리스도로 말미암아 온 것이다.' 이것을 잊어서는 안 됩니다. 은혜와 진리는 예수 그리스도로 말미암는다는 것이 무엇을 의미하는지, 이 빛이 내게 어떠한 삶을 살아가게 하는지를 항상 인식하며 오늘을 살아가야 합니다.

잘 아시는 대로 우리 스스로도 그랬지만, 우리 주변에 보면 구원의 확신을 가진 그리스도인임에도 불구하고 놀람과 경외와 감격과 기쁨과 만족을 상실한 채 세상 사람과 별반 다르지 않게 살아가는 사람이 너무나 많습니다. 그 원인이 무엇입니까? 예수 그리스도 밖에서 살아가기 때문입니다. 더 정확하게 말하면, 예수 그리스도 안에 나타난 은혜와 진리 밖에서 살아가기 때문입니다. 예수 그리스도의 빛은 추상적인 것이 아닙니다. 은혜와 진리를 말합니다. 우리 모두는 하나님의 복음을 믿음으로 하나님의 자녀가 되었습니다. 그래서 오직 복음이라고 말합니다. 교회와 그리스도인은 복음 안에서 날마다 새롭게 됩니다. 그 복음의 본질이 은혜와 진리입니다. 그래서 예수 그리스도로 말미암아 은혜와 진리가 왔다는 복음을 선포합니다. 그러나 새해마다 또는 새롭게 무슨 일을 시작할 때마다 '오직 복음으로 돌아가자'고 말하면서도 다 구호뿐입니다. 왜입니까? 복음에 대한 무지요, 복음이 왜곡되었기 때문입니다. 복음의 무지 속에 세상 방식과 다르지 않은 모습을 보일 때가 많습니다. 문제가 어디 있는 것입니까? 오직 복음을 말하면서도 은혜와 진리 안에 있지 않기 때문입니다. 말로는 복음이라고 하는데 생각과 삶은 은혜와 진리 밖에 있는 것입니다.

성도 여러분, 그러면 은혜와 진리 중에 어느 것이 먼저입니까? 어느 것이 우선순위입니까? 항상 은혜입니다. 기록 그대로 '은혜와 진리'이지, '진리와 은혜'라는 말은 없습니다. 은혜와 진리입니다. 은혜가 항상 먼저입니다. 은혜 없는 진리는 무거운 짐일 뿐입니다. 또한 왜곡된 진리에 빠지게 됩니다. 율법주의에 빠지게 됩니다. 그래서 복음에 대해서도 성경은 은혜의 복음이라고 말씀합니다. 그 의도가 무엇입니까? 항상 은혜가 먼저라는 것입니다. 은혜 없는 진리는 참 진리가 아닙니다. 또한 은혜와 믿음도 마찬가지입니다. 여기에 분명한 우선순위가 있습니다. 은혜가 먼저입니다. 항상 먼저입니다.

오늘날 우리는 쉽게 이렇게 말합니다. "오직 믿음으로 구원받는다." 그런데 그 은혜가 무엇인지, 그 믿음이 무엇인지를 물어야 합니다. 예를 들어, 성경에 보면 이스라엘 사람들, 곧 유대인의 믿음이 그들을 구원했습니까? 그들은 절대 구원받지 못했습니다. 오늘날 이슬람 사람들은 자살 폭탄 테러까지 저지를 만한 믿음을 가졌지만, 그 믿음은 구원받지 못하는 믿음입니다. 많은 종교적 믿음도 잘못된 믿음입니다. 참 믿음은 은혜에 대한 믿음입니다. 은혜가 먼저 있는 것입니다. 그 은혜를 믿음으로 구원받는 것입니다. 그래서 성경은 이렇게 표현합니다. "오직 하나님의 은혜로 말미암아 믿음으로 구원받았느니라." "오직 하나님의 은혜로 말미암아 믿음으로 의롭다 칭함 받았느니라." 하나님의 은혜가 먼저 있는 것입니다. 그 은혜에 대한 믿음이므로 은혜가 없다면 이것은 빈 그릇입니다. 믿음은 은혜를 받는 그릇이기 때문입니다. 이 사실을 항상 기억해야 합니다.

예수 그리스도로 말미암은 은혜

오늘 성경에서는 '은혜'(grace)를 선포하고 있습니다. 그런데 거기에 조건이 붙었습니다. 예수 그리스도로 말미암은 은혜입니다. 예수 그리스도께서 오시기 전인 구약성경에는 은혜가 없었습니까? 있었습니다. 여기서 은혜는 조금 구별된 은혜를 말합니다. 십계명, 율법에도 은혜가 있습니다. 그러나 그 안에는 부분적인 은혜가 있었습니다. 온전한 은혜가 아닙니다. 온전하고 완전한 은혜의 빛은 오직 예수 그리스도 안에 있음을 우리에게 선포하고 있습니다. 이 사실을 잊어서는 안 됩니다. 그러면 예수 그리스도 안에 있는 은혜가 무엇입니까? 오늘 성경은 율법과 대조합니다. 그 은혜는 선물입니다. 거저 주시는 선물입니다. 조건부 선물이 아닙니다. 어떤 요구와 행위가 없습니다. 거저 주시는 공짜 선물입니다. 그것이 참 은혜입니다. 반면 율법은 그 안에 은혜가 있지만, 계명이라고 합니다. 율법에는 요구사항이 있습니다. 반드시 지켜야 하는 것입니다. 지키지 않으면 율법적 심판을 받습니다. 이것이 하나님의 뜻입니다. 율법에는 항상 요구가 있습니다. 하나님의 명령, 하나님의 요구가 있습니다. 그것은 예수 그리스도의 은혜와 비교하면 전혀 선물이 될 수 없는 것입니다.

그러나 예수 그리스도 안에 나타난 은혜는 한마디로 그냥 선물입니다. 거저 주시는 선물입니다. 이것을 잊어서는 안 됩니다. 그래서 복음의 진수라고 하는 요한복음 3장 16절은 이렇게 말씀합니다. "하나님이 세상을 이처럼 사랑하사 독생자를 주셨으니 이는 저를 믿는 자마다 멸망하지 않고 영생을 얻게 하려 하심이라." 이 말씀 안에 요구가 있습니까? 어떤 조건을 요구하지 않습니다. 오직 선물입니다. '하나님이 세상을 이처럼 사랑하셨다. 이 어두운 세상을 이처럼 사랑하셨다. 그래서 독생자를 주셨다. 이제 믿는 자에게 영생을 주신다.' 다 선물입니다. 요구가 없습니다. 그것이 예수 그리스도 안에 나타난 은혜라는 것입니다.

또한 그 은혜는 값없이 주시는 선물입니다. 그래서 로마서 3장 24절에 이렇게 기록합니다. "하나님의 은혜로 값없이 의롭다 하심을 얻은 자 되었느니라." 의미상 비슷한 것 같은데, 더 강조합니다. 이 은혜가 무엇입니까? 값없이 주시는 은혜입니다. 죄 사함을 받는 것, 하나님의 의를 얻는 것, 하나님의 자녀 되는 것, 모든 것이 값없이 주시는 은혜입니다. 그 은혜를 받기 위한 것이 믿음입니다. 그 은혜를 받는 그릇이 믿음입니다. 그런고로 충만한 믿음은 은혜의 충만함이 있어야 합니다. 예수 그리스도 안에 있는 그 은혜, 값없이 주시는 은혜가 무엇인지를 알 때, 그리고 받아들일 때 너무나 기쁜 것입니다. 얼마나 감사한 일입니까!

또한 그 은혜는 누구에게나 주시는 은혜입니다. 모든 인류에게 주시는 은혜입니다. 그래서 성경은 "하나님이 세상을 이처럼 사랑하사"라고 기록합니다. 모든 인류를 향한 초청이요, 선물입니다. 어느 누가 그 은혜를 받을 자격이 있다고 조금이라도 생각한다면, 그 사람은 아직 은혜가 뭔지 모르는 것입니다. 그래서 타인을 정죄하고 비난하게 됩니다. 살인자든, 원수 된 자든, 누구에게나 주시는 은혜의 선물입니다. 나 같은 죄인도 회개했으나 또 회개가 요구되는 죄인임에도 불구하고 그 은혜가 계속 주어집니다. 누구에게나 주시는 은혜라는 것을 우리는 기억해야 합니다.

그리고 그 은혜는 풍성한 은혜입니다. 넘치는 은혜요, 충만한 은혜입니다. 그래서 성경은 이렇게 기록합니다. "풍성한 은혜." 은혜를 받았는데, 그 은혜가 풍성하지 않은 것 같고 충만하지 못하다면 그 사람은 아직 은혜가 뭔지를 모르는 것입니다. 예수 그리스도 안에 나타난 은혜는 충만한, 풍성한 은혜입니다. "그 아들을 죽기까지 내어주신 이가 어찌 모든 것을 우리에게 주시지 않겠느냐." 그 아들을 죽기까지 내어주신 은혜, 충만한 은혜입니다. 이 은혜를 기억할 때마다 우리는 놀라고 감사할 수밖에 없습니다. 그래서 오늘 본문 16절에서 이렇게 선언합니다. "우리가 다 그의 충만한 데서 받으니 은혜 위에 은혜러라." 설명할 길이 없습니다. 은혜 위에 은혜, 충만한 은혜, 풍성한 은혜입니다. 예수 그리스도 안에 나타난 은혜를 말합니다. 그 이전에는 이런 은혜가 없었습니다.

그리고 이 은혜는 이제 믿는 자에게 왕 노릇하는 은혜입니다. 충만이 넘쳐서, 그 은혜에 붙들리어, 은혜의 포로가 되어 오늘을 살아가게 됩니다. 성경은 이것을 풍성한 은혜라고 표현합니다. 그래서 로마서 5장 21절 말씀을 기억하시기 바랍니다. "이는 죄가 사망 안에서 왕 노릇 한 것 같이 은혜도 또한 의로 말미암아 왕 노릇 하여 우리 주 예수 그리스도로 말미암아 영생에 이르게 하려 함이라." 죄가 인간 안에 들어오므로 우리는 죄에서 벗어날 수가 없습니다. 항상 죄가 우리 안에 왕 노릇하는 것 같습니다. 죄의 권세 아래 있습니다. 이와 같이 충만한 예수 그리스도의 은혜를 깨닫고 영접한 자는 그 은혜가 우리 안에서 왕 노릇한다고 말합니다. 은혜의 권세입니다. 권세라는 것은 능력을 말합니다. 사람을 변화시킬 능력이 있습니다. 죄를 이기는 능력을 주시는 것입니다. 모든 믿는 자의 체험이요, 고백입니다. 그 은혜의 권세로 우리가 하나님의 자녀로서 오늘을 살아갈 수 있게 됩니다.

그러나 율법은 하나님의 말씀이요, 거룩한 것이 틀림없음에도 불구하고 그 안에는 권세가 없습니다. 능력이 없습니다. 변화의 능력이 없습니다. 단지 명령일 뿐입니다. 성도 여러분, 바로 그 은혜가 예수 그리스도로 말미암아 왔다는 것이 복음입니다. 이것이 참 빛인 것입니다. 이제 그 은혜를 받은 자는, 영접한 자는 은혜인 예수 그리스도를 따르는 삶을 살아갑니다. 그 외의 다른 선택이 없습니다. 명령이라서 그런 것이 아닙니다. 은혜가 왕 노릇하여 계속적인 은혜를 받고, 받은 바 은혜에 감사하고, 또 은혜를 받기 위해서 그 은혜인 예수 그리스도를 따르는 삶을 살아가게 됩니다.

예수 그리스도 안에 나타난 은혜

또한 이 놀라운 은혜는 우리 안에 하나님의 뜻이 성취되게 합니다. 생각에서 그치는 게 아니라 순종하며 실천하도록 우리를 변화시킵니다. 그 은혜를 받을 때 하나님의 약속이 내 안에 성취됩니다. 죄 사함, 하나님의 의, 하나님의 자녀 됨, 그 모든 것이 성취됩니다. 영생을 받고, 천국의 자녀가 되고, 더 나아가 하나님을 온 마음으로 사랑하고, 이웃을 내 몸과 같이 사랑하는 그 계명까지도 성취되기 시작하는 것입니다. 그 은혜로 말미암아 하나님의 사람이 되어갑니다. 성도 여러분, 예수 그리스도 안에 나타난 이 은혜를 알고 깨닫고 영접하며, 이 은혜를 누리고 증거하면서 살아가십니까?

그리고 이 은혜는 진리입니다. 이 또한 예수 그리스도 안에 나타난 진리입니다. 예수님 이전에 진리가 있었습니다. 구약성경에 진리가 많습니다. 그러나 요한복음에 나타난 사도 요한의 예수 그리스도에 대한 최종계시는 완전한 진리를 말합니다. 예수 그리스도로 말미암아 이제 나타난 완전한 진리를 예수님께서 말씀하십니다. "내가 곧 길이요 진리요 생명이니 나로 말미암지 않고는 아버지께로 올 자가 없느니라." 바로 그 진리를 알고 영접하며 살아가느냐는 문제입니다. 구약성경을 통해 아는 바와 같이 율법, 십계명 안에도 진리가 있습니다. 그것은 영원한 계명이요, 진리입니다. 왜입니까? 하나님의 말씀은 진리이기 때문입니다. 그러나 그 안에는 제한된 진리가 있습니다. 목적이 분명히 정해졌습니다. 그것을 부분적 진리라고 합니다. 다시 말해서 구약성경, 특별히 율법, 십계명 안에도 진리는 있지만 구원의 능력이 없습니다. 죄를 깨닫게 하는 것을 목적으로 하는 제한된 능력이 있을 뿐입니다.

죄를 이기고 구원받는 그러한 능력은 전혀 없습니다. 죄와 세상과 나를 이기고, 하나님의 자녀답게 살아가고 영화에 이르는 능력은 오직 예수 그리스도 안에 나타난 진리, 그것뿐입니다. 이것을 구별해야 합니다.

성경 어디를 보든지, 구약성경을 봐도 그 속에서 예수 그리스도를 봐야 한다는 말입니다. 영원한 진리, 완전한 진리 속에서 분별하고 확증해야 합니다. 구약의 선지자들, 많은 하나님의 사람들, 그때의 상황에 따라 하나님께서 진리를 보여주셨습니다. 그런데 깊이 생각해 보면, 온전히 깨닫지도 못했습니다. 아브라함도 믿음의 조상이지만, 말씀을 다 깨달은 것이 아닙니다. 그냥 소망한 것입니다. 약속을 따라 소망한 것이지 온전히 깨닫지는 못했습니다. 그들에게 나타난 것은 부분적 진리입니다. 좀 더 구체적으로 말씀드리면, 성취되지 않은 약속인 것입니다. 성취되지 않은 진리입니다. 그것을 부분적 진리라고 합니다. 그런데 예수 그리스도 안에서는 그 모든 약속이 성취되었습니다. 이제 예수 그리스도 안에 있는 진리는 완전한 진리요, 성취된 진리입니다. 그것이 구별되는 것입니다.

교훈적인 이야기가 있습니다. 악마가 친구와 함께 산책을 갔습니다. 산책하는 중에 사람들을 봤는데 어떤 사람이 땅에 허리를 굽히더니 무언가를 주워들었습니다. 그래서 악마의 친구가 물었습니다. "저 사람이 무엇을 주운 거야?" 악마는 대답합니다. "어, 진리 한 조각을 주웠어." 놀라서 친구가 물었습니다. "너는 명색이 악마인데, 저 사람이 진리를 주웠는데도 아무렇지 않아? 너 좀 이상하다." 악마가 웃으면서 이렇게 말했답니다. "속상할 것 전혀 없어. 왜냐하면 난 저 사람이 저 진리 조각을 자신의 종교적 신조로 믿도록 내버려 둘 생각이니까."

부분적 진리와 궁극적 진리

부분적 진리를 따르는 것은 사탄의 역사입니다. 사탄은 항상 완전한 진리를 왜곡하기 때문입니다. 하나님이 없다고 하지 않지만, 하나님이 계신다고 하면서 말씀을 왜곡하면 사탄의 승리입니다. 성도 여러분, 이 세상에는 수많은 진리가 있다고 주장합니다. 하지만 예수 그리스도 안에서 보면 다 부분적 진리입니다. 어떤 것은 맞고, 어떤 것은 틀립니다. 또 그때는 맞고, 지금은 틀립니다. 온전한 진리가 아닙니다. 궁극적인 진리는 하나님을 만나야 합니다. 하나님과 함께하고, 하나님께 가까이하려고 합니다. 하지만 부분적 진리는 전혀 그렇지 못합니다. 추구는 할지 모르지만, 하나님의 자녀가 될 수는 없는 진리입니다. 종교에 있는 진리, 사상과 철학에 있는 진리는 선한 것 같지만 최선이 아닙니다. 차선이기에 오히려 하나님과 더 멀어지게 하는 모순적이고 역설적인 기능이 있습니다.

궁극적 진리는 오직 예수 그리스도 안에 나타났습니다. 왜냐하면 그분은 하나님이시기 때문입니다. 그래서 오늘 본문 18절은 이렇게 기록합니다. "본래 하나님을 본 사람이 없으되 아버지 품 속에 있는 독생하신 하나님이 나타내셨느니라." 얼마나 귀한 말씀입니까? 본래 하나님을 본 사람이 없습니다. 아무도 없습니다. 다 추구할 뿐입니다. 그래서 종교가 있고, 사상이 있고, 철학이 있는 것입니다. 진리를 말하지만 하나님을 본 사람이 없습니다. 어떻게 하나님을 만나고 하나님께 가까이 갈 수 있겠습니까? 단지 추구하는 것입니다. 부분적인 진리입니다. 이는 모순적 진리입니다. 구원의 능력이 없습니다.

그런데 예수 그리스도, 그분은 하나님의 품 속에 있는 분입니다. 창세 전부터 항상 하나님 품 속에 있는, 독생하신 하나님이십니다. 그분이 오셔서 나타내셨습니다. 완전한 은혜와 완전한 진리를 나타내셨습니다. 그것이 복음입니다. 얼마나 감사한 일입니까! 그러므로 예수 그리스도 안에 나타난 진리란 복음 진리 그것뿐입니다. 복음 진리 그 자체가 은혜입니다. 예수님이 은혜로 오셔서 은혜로 주신 말씀입니다. 그 자체가 은혜요 진리인 것입니다. 그래서 모든 진리는, 참 진리는 오직 예수 그리스도 안에 있다고 성경은 선포합니다. 그것을 우리는 그리스도를 아는 지식이라고 말합니다. 그리스도를 아는 지식의 충만함에 이르면, 그 안에서 하나님을 아는 지식의 충만함에 이르게 됩니다. 그런데 예수 그리스도를 건너뛰고 하나님을 부르고 하나님만 묵상하면 유대인이 되고, 이슬람이 되고, 다른 종교가 됩니다.

성도 여러분, 성육신의 진리, 십자가의 진리, 부활의 진리, 더 나아가 천국 진리, 이 모든 진리는 완전한 진리입니다. 이것을 성경은 하나님의 복음이라고 말씀합니다. 예수님께서 이 복음을 전하시려고 이 땅에 오셨습니다. 이 복음의 핵심은 하나님의 나라와 하나님의 의입니다. 그래서 하나님 나라와 하나님의 의를 구하는 자, 은혜와 진리의 충만함이 있는 자는 항상 기쁘고, 감사하고 감격하며, 하나님을 향한 믿음의 삶을 살아가게 되는 것입니다.

1840년, 하나님의 사람 리빙스턴이 제1차 아프리카 전도를 마치고 귀국했을 때 영국 사람들이 마치 천사를 맞듯이 그를 환영했다고 합니다. 유명 대학에서 박사학위를 준다고 했고, 정말 많은 사람들이 환호했습니다. 그런데 정작 리빙스턴은 그때마다 아주 조용하게, 결단 있게 이렇게 말했습니다. "하나님께서 제게 아프리카 전도의 사명을 허락하신 것에 감사드립니다. 저는 '희생하고 봉사하는 사람'이라는 찬사를 받을 자격이 없습니다. 제가 한 일은 단지 하나님께 받은 바 결코 갚을 수 없는 은총에 만 분의 일이라도 갚으려는 것에 불과했기 때문입니다."

이것이 거듭난 그리스도인의 마음이요, 은혜와 진리 안에 있는 자의 생각입니다. 하나님의 은혜가 없다면, 하나님의 진리가 없다면 도대체 어떤 믿음과 열심으로 하나님께 영광 돌리는 삶을 살아갈 수 있다는 말입니까? 그래서 거듭난 그리스도인은 항상 예수 그리스도 안에 나타난 은혜와 진리를 깨닫고 영접하며, 그것을 누리고 증거하고 기뻐하면서 오늘을 살아갑니다. 그럴 때 우리 안에서 영적으로 놀라운 경외와 신비와 기쁨을 체험합니다. 감사한 마음으로 담대한 인생을 살아가는 것입니다. 그런데 이러한 체험이 내게 없다면 지금 무엇이 문제입니까? 이 은혜와 진리 밖에 있는 것입니다. 예수 그리스도 안에 나타난 은혜와 진리, 그 빛을 따라가지 못하기 때문입니다. 그러다 보면 예수 그리스도 밖에서 자행자지하고, 더 나아가다 보면 율법주의에 빠지고, 세속주의 신앙으로 엉망진창이 되고 마는 것입니다.

성도 여러분, 예수 그리스도 안에 믿음으로 연합했다는 것은 추상적인 것이 아닙니다. 은혜와 진리 안에서 살아가는 것을 말합니다. 복음적 생각과 방식으로 살아간다는 것은 은혜와 진리 안에 살아간다는 것을 말합니다. 그 은혜와 진리는 오직 예수 그리스도 안에 나타난 은혜와 진리를 말합니다. 하나님께 영광 돌리는 삶, 은혜와 진리 안에서 기뻐하고 증거함으로 하나님께 영광 돌리는 삶으로 나타나게 됩니다. 빛 가운데서 살아간다는 것은 추상적인 것이 아닙니다. 예수 그리스도 안에 나타난 은혜와 진리, 그것을 우리가 믿고 하나님의 자녀가 되었으므로 그 은혜와 진리 안에서 기뻐하고 증거하며 살아가는 것입니다. 은혜와 진리 안에서 생각하는 것 자체가 영의 생각입니다. 우리 안에 계신 보혜사 성령께서 우리를 항상 은혜와 진리로 충만하게 하십니다. 충만한 은혜와 진리는 오직 예수 그리스도 안에 나타난 것입니다. 그래서 예수 그리스도로 향하게 하시고, 예수 그리스도 안에 나타난 은혜와 진리를 따라 생각하며, 기뻐하고, 감사하며, 놀라며, 증거하게 하십니다. 바로 이러한 인생이 새 사람의 인생입니다. 새 사람의 사고방식이요, 담대한 인생입니다. 예수 그리스도 안에서 생각하십시오. "전에는 어둠이더니 이제는 주 안에서 빛이라 빛의 자녀들처럼 행하라." 빛이 어둠 속에 비췄고, 그 빛 안에서 우리는 은혜와 진리를 발견하고 영접하여 하나님의 자녀가 되었습니다. 그래서 이 땅에서 복음의 증인으로 승리하는 삶을 살아가게 되는 것입니다.

기 도

전지전능하신 은혜의 하나님, 어둡고 캄캄한 세상에 예수 그리스도를 보내주시어 참 빛이 어둠 속에 나타나게 하시고, 그 빛이신 예수 그리스도를 믿음으로 이제 빛 가운데 행하며, 은혜와 진리를 깨닫고 영접하여 이 땅에서 담대하고 새로운 권세 있는 삶을 살게 해주심을 진심으로 감사드립니다. 나의 주 성령이시여, 믿는 모든 자 안에 거하심을 확신하오니, 이제는 오직 예수 그리스도 안에서 완전한, 충만한 은혜와 진리 안에 거하여 어둠을 밝히며, 오직 그리스도의 영광을 나타내며, 살아 계신 그리스도와 동행하는 승리의 삶을 살아가도록 함께하여 주시옵소서. 우리 주 예수 그리스도의 이름으로 간절히 기도드리옵나이다. 아멘.

각 사람에게 비추는 빛

참 빛 곧 세상에 와서 각 사람에게 비추는 빛이 있었나니 그가 세상에 계셨으며 세상
은 그로 말미암아 지은 바 되었으되 세상이 그를 알지 못하였고 자기 땅에 오매 자기
백성이 영접하지 아니하였으나 영접하는 자 곧 그 이름을 믿는 자들에게는 하나님의
자녀가 되는 권세를 주셨으니 이는 혈통으로나 육정으로나 사람의 뜻으로 나지 아니
하고 오직 하나님께로부터 난 자들이니라

요 1:9-13

각 사람에게 비추는 빛

한 유대인 부부가 첫 아이를 낳았습니다. 이 부부는 아이 이름을 무엇으로 지을까 논쟁하게 되었습니다. 결국 부부는 랍비를 찾아가서 문제를 말했습니다. 랍비가 "정확히 무엇이 문제입니까?"라고 묻자, 부인이 먼저 이렇게 대답했습니다. "남편은 자기 아버지의 이름을 따서 아들의 이름을 짓기를 바라고, 저는 제 아버지의 이름을 따서 아이의 이름을 짓기를 바랍니다." 랍비가 "도대체 당신들 아버지 이름은 뭐요?" 하고 물었더니 두 사람이 이렇게 대답했습니다. "두 분 다 요셉입니다." 랍비가 어이없어서 "그게 어떻게 문제가 됩니까? 도대체 뭐가 문제요?" 하고 다시 물었습니다. 그러자 부인이 대답합니다. "저 사람의 아버지는 말 도둑이고, 제 아버지는 선한 사람인데, 제 아들이 시아버지의 이름을 따른 것인지, 제 아버지의 이름을 따른 것인지 알 길이 없잖습니까? 그것이 문제입니다." 랍비는 잠시 생각한 후 이렇게 말했답니다. "그 아이를 요셉이라 부르시오. 그리고 아이가 장성한 후 말 도둑이 되었는지, 정직한 사람이 되었는지를 지켜보시오. 그러면 어느 쪽 아버지의 이름을 따른 것인지를 결국 알게 될 것이오."

그리스도인의 다양한 호칭들

성도 여러분, 예수 그리스도의 이름으로 구원받은 하나님의 사람을 그리스도인, 하나님의 자녀, 성도라고 호칭합니다. 그런데 이 호칭은 단지 이름만이 아닙니다. 이 호칭은 그 사람의 변화된 인생을 말합니다. 그리스도인이란 그리스도께 속한 자로 살아가는 것을 의미하는 것이고, 하나님의 자녀란 이 땅에서 하나님의 자녀답게 살고 있는 사람을 칭한 것입니다. 성도란 거룩을 지향하며 구별된 인생을 살아가는 사람을 일컫는 것입니다. 그래서 성경에는 하나님의 사람을 새 사람, 새로운 피조물이라고 말합니다. 또한 영생을 소유한 자, 하나님께 속한 자라고 말합니다. 이처럼 수많은 호칭이 있습니다. 그 모두가 단지 그 이름을 말하는 것이 아니라, 그와 같은 변화된 인생을 살아가야 함을 뜻하는 것입니다. 이것을 항상 기억해야 합니다.

그러면 어떻게 이러한 변화를 체험할 수 있습니까? 어떻게 이런 변화가 가능합니까? 이 질문에 대한 답은 오직 예수 그리스도입니다. 오직 예수 그리스도 안에서만 가능합니다. 삶 속에서 예수 그리스도를 소망하며, 예수 그리스도를 본받으며, 예수 그리스도를 따르며, 예수 그리스도와 믿음으로 연합한 삶을 살아갈 때 놀라운 변화가 우리를 통해서 나타나고 체험하게 됩니다. 만일 내가 예수님의 이름으로 구원받았고 하나님의 자녀라고 하면서도 옛사람의 본성에 이끌리고 전혀 삶이 바뀌지 않았다면, 삶이 그대로라면 잘못된 인생을 살아가는 것입니다. 스스로가 자신을 점검해야 합니다. 체크해야 합니다. 복음을 듣고 믿음으로 하나님의 자녀 되었고, 예수님을 나의 구세주라고 고백하는 그리스도인이라고 하면서도 전혀 변화를 체험하지 못하고 하나님의 자녀다운 인생을 살아가지 못한다면 그것은 잘못된 믿음입니다. 예수 그리스도 안에서 삶의 변화는 당연하고 마땅한 것입니다. 성경이 그것을 증거하고, 거듭난 그리스도인의 인생이 그것을 말해 주고 있습니다.

하나님께서 사도 요한으로 성령 충만함을 입게 하셔서서 그리스도에 대한 최종 계시를 성경에 기록하게 하셨습니다. 이 가운데 하나님의 자녀가 누구인지에 대한 최종 계시는 어둠에서 빛으로 구원받은 사람을 뜻하고 있습니다. 어둠에서 빛으로 변화된 사람을 의미하는 것입니다. 그래서 요한복음 1장 5절은 말씀합니다. "빛이 어둠에 비치되." 빛이 어둠을 뚫고 들어와 이제 어둠의 상태를 인식하며, 빛을 따라 나와 구원받은 하나님의 사람을 하나님의 자녀라 칭하는 것입니다. 이제 그 빛 가운데서 인식하기 시작했고, 알게 되었습니다. 그리고 내 안에 변화가 나타나고, 인생의 변화가 시작되는 것을 보게 됩니다. 그런데 이런 변화가 나타나지 않았다면 아직 어둠입니다. 이것을 항상 잊어서는 안 됩니다. 내 안에 있는 어둠이 빛을 막고 있는 것입니다. 아직 어둠에 있기 때문에 변화가 나타나지 않는 것입니다. 그래서 성경은 말씀합니다. "빛이 어둠에 비치되 어둠이 깨닫지 못하더라." 항상 묵상하며 살아가야 할 것입니다.

오늘날 젊은이들에게 "예수와 석가모니의 차이를 말해봐라" 하면 대뜸 나오는 대답이 이것입니다. "헤어스타일이 다릅니다." 조금 더 생각하고 말하는 것은 이런 답입니다. "기독교의 창시자고, 불교의 창시자입니다." 정말 그것이 차이입니까? 하나님의 자녀는 이렇게 말해야 합니다. "빛과 어둠의 차이입니다." 오직 예수 그리스도만이 빛이고, 석가모니는 어둠에 있는 것입니다. 빛을 모릅니다. 어둠의 세상에서 위대한 위인일 뿐이지, 빛과 아무 관계가 없습니다. 빛과 어둠은 본질적인 차이가 있습니다. 하나님의 자녀는 이것을 깨닫습니다. 이것을 알게 됩니다. 이런 인식 가운데 오늘을 살아가게 됩니다. 그래서 하나님의 자녀란 어둠에서 빛으로 변화된 사람입니다. 이것을 인식하고 살아가는 것입니다. 이제 내게 비추는 그 빛을 알게 된 것입니다. 그 빛을 소망하며 살아갑니다. 생각과 인식과 인생이 변화됩니다. 여기에 그리스도인의 변화가 있는 것입니다. 교회 다니고 착한 일과 선행을 한다고, 성경 공부를 한다고 그것이 본질인 것은 아닙니다. 빛이 어둠에 비취었고, 내게 비추는 빛으로 말미암아 믿음으로 어둠에서 빛으로 구원받았다는 인식이 있어야 합니다. 이 정체성을 가지고 살아가는 자가 하나님의 자녀입니다.

그래서 오늘 성경은 우리에게 주신 하나님의 말씀을 이렇게 기록합니다. "참 빛 곧 세상에 와서 각 사람에게 비추는 빛이 있었나니"(9절). 각 사람에게 비추는 빛이 있었다고 말씀합니다. 항상 묵상하며 살아가야 합니다. 각 사람에게 비추는 빛, 내게 비추는 빛, 그것이 복음입니다. 복음을 안다고 하는데 내게 비추는 빛을 알지 못한다면 그것은 추상적인 신앙생활을 하는 것입니다. 내게 비추는 빛, 그것이 은혜입니다. 그 은혜가 왔고, 현재 있고, 진행되는 것입니다. 이제 하나님의 자녀는 내게 비추는 빛을 인식하며, 알며, 생각하며, 기뻐하며, 찬양하며, 그 빛을 따라 오늘을 살아갑니다.

그 빛이 아니면 항상 어둠입니다. 어둠에서 살아갈 수밖에 없는 존재일 뿐입니다. 그러나 내게 비추는 빛이 있어 빛의 자녀로 살아갑니다. 얼마나 기쁘고, 감사하고, 신비로운 일입니까! 바로 여기에 그리스도인의 변화가 체험되는 것입니다. 그래서 하나님의 사람 사도 바울은 이렇게 고백합니다. 고린도전서 15장 10절에 기록된 유명한 말씀입니다. "내가 나 된 것은 하나님의 은혜로 된 것이니." 그리고 말합니다. "내가 한 것이 아니요 오직 나와 함께하신 하나님의 은혜로라." 참 빛, 그 은혜의 빛이 내게 있었기에 그 은혜의 빛으로 말미암아 오늘의 내가 되었다는 것입니다. 내가 열심히 하나님의 일을 해서 이루어진 것이 아닙니다. 이 모든 것이 오직 하나님의 은혜로, 그 은혜의 빛에 이끌리어 믿음으로 살았기 때문에 된 결과임을 말씀하고 있습니다.

내게 비추는 빛

　성도 여러분, 각 사람에게 비추는 빛, 그 빛은 예수 그리스도 안에 나타난 은혜와 진리의 빛입니다. 부분적인 은혜와 진리가 아니라, 완전하고 충만한 은혜와 진리의 빛입니다. 그리고 이 빛은 영생의 빛입니다. 그 은혜와 진리를 믿음으로 영생을 얻습니다. 이것은 생명의 빛입니다. 죽은 자를 살아나게 하며 죽은 영혼을 살리는 빛입니다. 놀라운 권세의 빛이 내게 비추고 있다는 것을 기억해야 합니다. 이 모든 것은 영적인 빛입니다. 눈에 보이는 것이 아닙니다. 그러나 인식되고, 알 수 있고, 체험되고, 나타나는 빛입니다. 성도 여러분, 내게 비치는 빛을 알고, 인식하며, 기뻐하며, 나타내며, 증거하며, 오늘을 살아가십니까?

　오늘 성경 말씀에 보면 각 사람에게 비추는 빛에 관계된 세 가지 단어가 나타납니다. 매우 중요한 성경 용어입니다. '앎', '영접', '믿음'입니다. 안다는 것, 영접한다는 것, 믿는다는 것으로 이러한 단어 속에 내가 누구인지를, 정말 내가 하나님의 자녀인지, 자녀답게 살아가는 자인지를 체크하고 분별하며 오늘을 살아가야 합니다. 먼저, 내게 비추는 빛에 대하여 아는 것이 중요합니다. 참 빛, 그리스도의 빛을 아는 것이 중요합니다. 오늘 본문 10절에 이렇게 기록합니다. "그가 세상에 계셨으며 세상은 그로 말미암아 지은 바 되었으되 세상이 그를 알지 못하였고." 그렇습니다. 그 빛을 몰라서 구원받지 못하는 것입니다. 예수님을 눈으로 보면서 그가 목수의 아들이고, 성경 지식이 많고, 능력도 행하시는 것을 알지만, 그가 하나님이신 줄을 알지 못하는 것입니다. 오직 그 빛으로 말미암아 예수 그리스도 안에서 온 세상이 창조되었는데, 그것을 알지 못하는 것입니다. 결국 예수님을 십자가에 죽입니다. 왜 그렇습니까? 어둠이기 때문입니다. 어둠이 장애물입니다. 그 어둠 속에 갇혀서, 빛이 비쳤으나 알지 못합니다. 이 영적 무지가 이런 비참한 인생을 살게 하는 것입니다.

성도 여러분, 빛을 모르는 자는 아직 어둠 속에 있는 것입니다. 이 어둠이 장애물이라는 것을 알아야 합니다. 내게 비추는 빛을 안다는 것은 결국 예수 그리스도가 누구인지에 대한 정확한 답을 아는 것을 의미합니다. 성경을 보면서 예수님이 요셉의 아들이고, 그의 조상이 누구이고, 그가 목수의 아들이라는 것을 아는 것을 말하는 것이 아닙니다. 더 나아가서 참 위대한 사람이고, 온 인류를 위해 희생하고 봉사한 사람이고, 참으로 능력도 많고 기적도 행하였으며, 많은 가르침이 참으로 옳다는 인정을 받은 그런 위대한 분이라는 것을 아는 것을 참으로 아는 것으로 말할 수 없습니다. 기독교를 창시한 분이라는 것도 다 부분적인 지식입니다. 그것을 전부라고 생각하는 것은 어림도 없는 이야기입니다. 오늘날 보면, 예수라는 말은 하나의 호칭이 되었습니다. 인간 예수를 말하는 것입니다. 그 예수에 관한 지식, 성경을 보고 공부해 보니 이런 일을 행했고 또 이런 말씀을 한 참으로 훌륭한 분으로만 이해하는 것은 아직 내게 비추는 빛을 아는 것이 아닙니다. 내게 비추는 그 빛, 예수 그리스도를 안다는 것은 이렇게 결론지을 수 있습니다. '그 예수가 하나님이시다, 나의 구세주다, 나의 구주시다, 그분만이 참 빛이시다.' 그것을 아는 것입니다. 그래서 성육신하신 하나님이신 예수님, 그럼에도 불구하고 십자가에 죽으신 예수님, 부활하신 예수님, 오늘도 살아 계신 예수 그리스도를 정말 아는 것을 의미하는 것입니다. 그래서 사도 요한처럼 알아야 합니다.

참 빛이신 예수 그리스도

14절에 그는 이렇게 기록합니다. "말씀이 육신이 되어 우리 가운데 거하시매 우리가 그의 영광을 보니 아버지의 독생자의 영광이요 은혜와 진리가 충만하더라." 오직 하나님의 자녀만이 보는 것입니다. 성령 충만한 자만이 보는 것입니다. 그분은 말씀이 육신이 되신 분이고, 은혜와 진리가 충만하신 분입니다. 그리고 17절은 말씀합니다. "율법은 모세로 말미암아 주어진 것이요 은혜와 진리는 예수 그리스도로 말미암아 온 것이라." 예수 안에서 정녕 참으로 은혜와 진리가 충만한 것을 본 것입니다. 그리고 5절에서 그는 말합니다. "빛이 어둠에 비치되 어둠이 깨닫지 못하더라." 더 나아가서 9절에서 말씀합니다. "참 빛 곧 세상에 와서 각 사람에게 비추는 빛이 있었나니." 예수 그리스도가 이러한 빛으로 보여야 되는 것입니다. 그럴 때 그를 하나님의 자녀라 말할 수 있는 것입니다. 이 예수 그리스도의 빛은 믿는 자에게 항상 영적 지각을 줍니다. 영적 깨달음을 줍니다. 영적 통찰력을 줍니다. 이 전과는 전혀 다른 영적 지식을 깨닫게 됩니다. 여기에 변화가 있습니다. 그래서 항상 예수 그리스도를 생각할 때마다, 그 빛을 인식할 때마다 먼저 어둠의 상태를 알게 됩니다. 나는 어둠에 존재했고, 아직도 그 잔재가 내 안에 있는 것입니다. 모든 불신자들은 어둠에 살아가고 있다는 것을 보게 됩니다. 그래서 불쌍히 여기고, 중보기도를 하게 됩니다.

그리고 빛을 인식하기 시작합니다. 왜요? 내게 비추는 빛이니까요. 그 빛이 있어야 내가 하나님의 자녀로 오늘 살아가니까요. 그럴 때마다 내 안에 경외와 놀람과 기쁨과 감사가 충만히 경험됩니다. 그리고 하나님의 자녀는 예수 그리스도를 아는 지식에서 모든 것을 시작합니다. 항상 그렇습니다. 이 빛에서 시작해야 빛의 사람으로 살아가기 때문입니다. 예수 그리스도를 믿기 전에는 세상에서부터 출발했습니다. 세상일로부터 생각했습니다. 나로부터, 내 경험으로부터 생각했습니다. 내 느낌으로부터 출발하기도 했습니다. 그러나 이제는 변화되었습니다. 항상 예수 그리스도, 빛으로부터 시작합니다. 복음의 빛, 내게 비추는 그 빛 안에서 생각하며 오늘도 살아갑니다. 모든 상황을 예수 그리스도의 빛 안에서 알프로, 그것을 인식해야 했기에 생각하고 판단하며 오늘을 살아가게 됩니다. 얼마나 놀라운 변화입니까!

그리고 그 빛을 영접해야 합니다. 이것은 'accept'입니다. 이는 안다는 것보다 구체적인 표현입니다. 이는 '환영한다', '환대한다'는 의미입니다. 예를 들어, 친한 친구가 오래간만에 방문했습니다. 친한 친구이니 항상 환영합니다. 기쁨으로 환대합니다. 이런 의미입니다. 성경을 보면 참 놀라운 것이 있습니다. 예수 그리스도가 누구이신지 정확하게 아는 자가 마귀와 귀신들이었습니다. 그들은 영적 존재이기 때문에 예수 그리스도를 보면서, 청년 예수 그리스도를 보면서 '당신은 거룩한 하나님의 아들입니다. 거룩한 분입니다'라고 말합니다. 그대로 성경에 기록됩니다. 그들도 예수가 누구인지 알았습니다. 그러나 중요한 것이 무엇입니까? 환영하지 않았습니다. 환대하지 않았습니다. 그가 바로 마귀입니다. 애초에 예수 그리스도를 모르는 사람은 마귀가 될 수 없습니다. 오늘도 보십시오. 예수님을 알고 있지만 대충 압니다. 부분적으로 압니다. 결국 그가 훼방꾼이 되는 것입니다. 그로 인하여 세상에서 그리스도의 영광이 가려집니다. 깊이 생각해야 할 것입니다. 영접했다는 것은 예수 그리스도의 빛을 그대로 받아들인 것을 말합니다. 내가 원하는 것을 선택적으로, 부분적으로 받아들이는 것이 아니라 성경에 계시된 그의 빛을 그대로 받아들이는 것입니다. 환영하는 것입니다. 기뻐하는 것입니다. 그 사람이 하나님의 자녀입니다.

당시 바리새인들을 생각해 보십시오. 조금 더 깊이 생각해 보면, 그들은 성경 지식이 많았던 사람들입니다. 평생 성경을 연구하고 가르치는 사람입니다. 도덕적으로 훌륭한 선행을 베풀었습니다. 이에 대해 성경 기록을 보면 예수님도 그것을 인정하십니다. 그런데 예수님이 하나님의 아들이시고 빛으로 오신 분이라는 것을 도무지 믿지 아니하고, 인정하지 않았습니다. 이들의 감정을 더욱 상하게 한 것은 이것입니다.

적어도 예수 정도 되면 자기들과 같이 지내야 합니다. 성경을 토론하고, 선행을 얘기하고, 누구보다도 더욱 도덕적인 인생을 살아야 했습니다. 그런데 예수님은 항상 죄인들, 당시 창녀들, 세리들, 죄인 중의 죄인들, 율법을 어긴 자들과 같이 지내시는 것입니다. 먹고, 마시고 하는 모습에 한마디로 아주 기분이 더러워진 것입니다. 그러니 알면서도 영접하지 않는 것입니다. 그리고 결국 예수님을 죽여 버립니다.

성도 여러분, 오늘날도 보십시오. 예수님을 생각하면 "아, 좋은 분이에요. 위대한 희생자예요. 예수님으로 말미암아 죄사함을 받아요. 너무너무 좋아요. 또 복을 주신대요. 예수님은 나를 사랑하세요. 나 같은 죄인을 너무너무 좋아해요"라고 말하지만 선택적입니다. "예수님은 은혜와 진리가 충만하신 분이다"라고 하지만, 은혜와 진리에 관심이 없습니다. 십자가의 도에 관심이 없습니다. 하나님의 말씀에 관심이 없습니다. 하나님께 영광 돌리는 삶이 왔다 갔다 합니다. 알긴 아는 것 같은데, 영접하지 않습니다. 환대하지를 않습니다. 잘못된 믿음입니다. 우리는 무엇보다도 내게 비추는 빛, 그 예수 그리스도를 지금 현재에 비추는 빛으로 받아들여야 합니다. 2,000년 전의 성육신 사건, 십자가 사건, 부활 사건, 그것을 넘어 오늘 살아 계신 그리스도께서 성령을 통하여 내게 빛을 비추신다는 것을 잊어서는 안 됩니다. 예수님은 추상적인 인물이 아닙니다. 오늘도 살아 계신 그리스도이십니다. 그분을 영접해야 하는 것입니다. 그 인생이 새로운 인생입니다. 새로운 삶을 나타내며 살아가는 사람입니다. 그 사람을 하나님의 자녀라고 부를 수 있는 것입니다.

빛 가운데 거하는 그리스도인

그리고 마지막으로 믿음입니다. 알았습니다. 환대했습니다. 영접했습니다. 그런데 여기서 멈추지 않습니다. 여기서 성경이 말씀하는 믿음이란 결단하고 확신하는 것입니다. 삶속에서 확신하고, 붙잡고, 살아가는 것입니다. 그 믿음이 아니면 살아갈 수 없다는 것을 고백하는 것입니다. 꽉 붙잡고 살아가는 것입니다. 내게 비추는 빛이 없으면 나는 부지불식간에 어둠의 존재로 살아갈 수밖에 없습니다. 우리가 항상 느낍니다. 그러나 내게 비추는 빛을 알고 인식함으로, 믿음으로, 꽉 붙잡음으로 새로운 인생을 살아가게 됩니다. 이는 추상적인 것이 아닙니다.

오늘 성경은 "그 이름을 믿는 자"를 말씀합니다. 그렇습니다. 그 이름입니다. 유일한 이름입니다. 성경에서 이름이라는 것은 존재와 권세와 영광과 성품, 그 모든 것을 말합니다. 예수 그리스도의 이름을 꽉 붙잡고 확신하며 오늘을 살아가는 자를 하나님의 자녀라고 성경은 말씀합니다. 유일하신 그 이름입니다. 오직 예수 그리스도입니다. 그분만이 참 빛이십니다. 이것을 꽉 붙잡고 확신하며 오늘을 살아가야 합니다. 그러면 모든 것을 다 알 수는 없어도 빛 가운데서 우리는 분별력을 갖고 살아가게 됩니다. 세상의 모든 종교 창시자들, 세상의 영웅이나 위대한 인물이라도 다 어둠입니다. 불행하게도 어둠입니다. 세상에 많은 유명인들, 성공인들, 사상가들, 철학가들이 뛰어난 것 같지만 모두 어둠 속에 존재합니다. 아직 어둠에 있습니다. 내게 비추는 빛이 무엇인지를 모릅니다. 어둠 속에 온 그 빛, 예수 그리스도가 빛임을 아직 알지도 못하고, 영접하지도 않았기 때문입니다. 이것을 분별해야 합니다.

이제 하나님의 자녀는 오직 예수 그리스도의 그 빛을 신뢰하며, 의지하며 오늘을 살아갑니다. 확신하고 붙잡으며 살아갑니다. 이 세상 속에서 그 빛만이 소망입니다. 이제 이러한 사람에게 성경은 말씀합니다. "하나님의 자녀가 되는 권세를 주셨으니." 오늘 성경은 그것을 증거합니다. 각 사람에게 비추는 빛을 알고, 영접하고, 믿는 자에게 하나님의 자녀가 되는 권세를 주셨다고 말씀합니다. 이것이 복음입니다. 그런데 예수 그리스도를 안다고 하면서 그 빛을 모르고, 예수 그리스도를 나의 구주라고 하면서도 오늘도 내게 비춰지는 그 빛을 인식하지 못한다면, 어떠한 변화나 신비와 경의, 놀람도 체험하지 못할 것입니다.

미국의 한 교회에서 있었던 일입니다. 이제 막 안수를 받은 아주 젊은 목사님이 어떤 교회에 부임하게 되었습니다. 그래서 그 교회에서 이 신임 목사님을 환영하는 만찬을 가졌는데, 그때 한 나이 지긋한 여성도가 목사님을 찾아와 안타까운 듯이 이렇게 말했답니다. "목사님, 목사님은 어떻게 700명이나 되는 사람들의 요구를 만족시켜야 하는 이 힘든 일을 맡으실 생각을 하셨나요? 이제 갓 목회자 되신 분으로 감당하겠다고 하는 것이 이해가 되지 않습니다. 어떻게 하시려고 그러십니까?" 이때 목사님이 주저함 없이 대답했답니다. "성도님, 제가 이 교회에 온 것은 700명의 사람을 기쁘게 하기 위한 것이 아닙니다. 저는 단 한 분만 기쁘게 해드리기 위해서 이곳에 왔습니다. 바로 예수 그리스도입니다. 그분만 기쁘시다면, 나머지 모든 것은 저절로 잘 될 것입니다."

성도 여러분, 정말 하나님의 자녀는 나의 뜻을 이루고자 하는 것이 아니라, 그리스도의 뜻을 이루고자 오늘을 살아갑니다. 나의 영광을 위한 것이 아니라 그리스도의 영광을 위하여, 그 영광을 나타내는 목적으로 오늘을 살아갑니다. 하나님의 자녀는 사람을 기쁘게 하는 것이 아니라, 예수 그리스도를 기쁘게 하는 그 마음으로 오늘을 살아갑니다. 그 사람이 예수 그리스도와 바른 관계를 맺고, 내게 비추는 빛을 인식하고 기뻐하며 오늘을 살아가는 하나님의 자녀입니다. 하나님의 사람 사도 바울은 갈라디아서 2장 20절에 이렇게 선언합니다. "내가 그리스도와 함께 십자가에 못 박혔나니 그런즉 이제는 내가 사는 것이 아니요 오직 내 안에 그리스도께서 사시는 것이라 이제 내가 육체 가운데 사는 것은 나를 사랑하사 나를 위하여 자기 자신을 버리신 하나님의 아들을 믿는 믿음 안에서 사는 것이라."

이 말씀은 곧 '분명 나는 나의 인생을 살고 내 육체의 인생을 사는 것 같지만, 이제는 내게 비추는 빛이 있어 그 빛 가운데 살아간다. 그 빛이 있어 어둠에서 벗어나 빛의 자녀 되었다. 이제는 살아 계신 그리스도, 그분만이 내 안에 사신 것이다'라는 성령 충만한 하나님의 자녀의 고백입니다. '오직 그들을 믿는 믿음 안에서 사는 것이다. 내게 비추는 빛을 인식하며, 알며, 기뻐하며, 그 빛의 증인으로 나는 사는 것이다.' 귀한 고백입니다.

그리고 빌립보서 1장 6절에서 이렇게 확증합니다. "너희 안에 착한 일을 시작하신 이가 그리스도 예수의 날까지 이루실 줄을 우리는 확신하노라." 내게 비추는 빛이 있어 믿음으로 하나님의 자녀가 되었습니다. 내게 비추는 빛이 없으면 우리는 구원의 영광에 도달하지 못합니다. 그러나 그 빛이 시작한 일이기에, 그 빛이 내게 있어 나를 천국으로, 그리스도께로 인도할 것을 확신합니다. 이것이 하나님의 자녀의 확신입니다. 성도 여러분, 그리스도 안에 성령께서 계시다는 것을 잊어서는 안 됩니다. 보혜사 성령은 항상 예수 그리스도께로 인도하십니다. 그리고 예수 그리스도 안에서 내게 비추는 빛을 알게 하시고, 영접하게 하시고, 믿게 하십니다. 그리고 세상 속에서 그 빛을 기뻐하며, 그 빛을 찬양하며, 그 빛을 갈망하며, 그 빛의 증인으로 살게 하십니다. 이 세상 속에서, 어두운 세상에서 그 빛을 따라 복음의 빛을 보며, 인식하며, 기뻐하며, 승리의 삶을 살도록 인도하십니다.

기 도

전지전능하신 은혜의 하나님, 어둡고 캄캄한 이 세상에 예수 그리스도를 빛으로 보내주시어 이제는 오직 믿음으로 그리스도를 나의 구세주요 구주로 영접하여 내게 비추는 빛을 알고, 영접하고, 믿음으로 이 땅에서 하나님의 자녀로 살게 해주심을 진심으로 감사드립니다. 나의 주 성령이시여, 우리를 깨워주셔서 내게 비추는 빛을 항상 갈망하며, 깨닫고, 인식하며, 이 놀라운 변화를 체험하며, 영적 분별력을 가지어 예수 그리스도를 따르며, 그리스도와 연합하여 그리스도의 영광을 나타내는 승리의 삶을 살도록 지켜주시옵소서. 우리 주 예수 그리스도의 이름으로 간절히 기도드리옵나이다. 아멘.

오직 하나님께로부터
난 자들

참 빛 곧 세상에 와서 각 사람에게 비추는 빛이 있었나니 그가 세상에 계셨으며 세상은 그로 말미암아 지은 바 되었으되 세상이 그를 알지 못하였고 자기 땅에 오매 자기 백성이 영접하지 아니하였으나 영접하는 자 곧 그 이름을 믿는 자들에게는 하나님의 자녀가 되는 권세를 주셨으니 이는 혈통으로나 육정으로나 사람의 뜻으로 나지 아니하고 오직 하나님께로부터 난 자들이니라

요 1:9-13

04

오직 하나님께로부터 난 자들

오래전 어느 지역에 훌륭한 그리스도인 영주가 살고 있었습니다. 강변의 아름다운 성에 살고 있는 그에게 훌륭한 아들이 한 명 있었는데, 그 아들은 지혜와 더불어 모든 주위 사람들로부터 사랑을 받는 인물이었습니다. 어느 날, 그 아들이 집에 없는 동안에 이웃의 한 귀족이 손님으로 찾아왔습니다. 그는 하나님을 믿지 않으며, 하나님을 신뢰하지 않는 철저한 무신론자였습니다. 영주는 그 귀족에게 자신의 성과 영토를 보여주었습니다. 귀족은 그것을 구경하며 아름다움에 감탄했습니다. 그리고 영주에게 너무나 아름다운 곳이라고 부러워하며 말했습니다. 그때 영주가 이렇게 대답했습니다. "이 모든 것들은 내 아들이 설계한 것이오." 그 말에 더욱더 부러운 듯이 "그와 같은 훌륭한 아들이 있으니 참으로 행복하겠습니다"라고 대답했습니다. 그러자 영주가 다시 말했습니다. "하지만 당신은 내 아들을 본 적이 없는데 어떻게 그렇게 말할 수가 있소?" 귀족이 대답했습니다. "본 적 없지요. 한 번도 본 적이 없습니다. 그러나 나는 그가 한 일, 이 모든 일을 보고 그를 판단할 수 있습니다." 그때 영주가 그 귀족에게 대답했답니다. "마찬가지요. 나는 하나님을 뵙지 못했지만, 그분이 창조하신 우주 만물을 보아 그분이 어떤 분인지 알 수 있다오."

하나님의 역사의 증거들

성도 여러분, 하나님은 볼 수 없고 만질 수 없지만, 충분히 알 수 있고 체험할 수 있는 분입니다. 이것을 알고 체험하며 살아가십니까? 하나님은 하나님의 역사를 통해서, 하나님이 행하신 위대한 일을 통해서 하나님을 알 수 있게 하셨고, 느낄 수 있고 체험할 수 있게 하셨습니다. 성경이 그 증거입니다. 여러분은 하나님의 역사에 가장 확실한 근거가 무엇이라고 생각하십니까? 세 가지를 항상 기억해야 합니다.

첫째가 창조입니다. 우주 만물, 온 세상을 하나님께서 창조하셨습니다. 우리가 이 안에서 살아갑니다. 이 세상을 살아가는 동안 하나님의 창조를 항상 인식하고, 그 속에서 하나님을 알아야 합니다. 세상의 주인은 하나님이십니다. 인간의 뜻대로 되는 것이 아닙니다. 재난과 무서운 질병 등으로 인한 고통 속에서 비로소 깨닫습니다. 세상은 인간의 뜻대로 되는 것이 아닙니다. 인간이 주인이 아니기 때문입니다. 이 세상은 우연히 나타난 것도 아니요, 진화된 것이 아닙니다. 특별히 인간은 진화되어 만들어진 존재가 절대 아닙니다. 하나님께서 창조하셨습니다. 이 창조 속에서, 창조의 사건 속에서 하나님의 역사를 인식하며 오늘을 살아가야 합니다. 하나님의 뜻과 섭리 가운데에 세상은 진행될 뿐입니다.

생명과학을 오랫동안 연구한 과학자가 신에게 도전장을 냈습니다. "나도 이제 인간을 만들 수 있소." 그래서 하나님께서 해보라고 하셨습니다. "이제 내 앞에서 내가 아담을 만들 때처럼 너도 한번 만들어봐라." 그러자 과학자가 알았다고 자신 있게 대답하면서 땅에서 흙을 먼저 주워서 손에 쥐더랍니다. 이를 본 하나님께서 이렇게 말씀하셨습니다. "잠깐, 그것은 내가 만든 건데, 먼저 흙부터 만들거라." 성도 여러분, 우리가 일상에서 보는 모든 만물은 하나님께서 창조하신 것입니다. 항상 기억하며 하나님이 행하신 일에서 하나님의 역사를 알고 체험하며 오늘을 살아가야 합니다.

그리고 두 번째는 예수 그리스도입니다. 가장 명백한 계시입니다. 하나님께서 예수님을 이 땅에 보내셨습니다. 그런데 예수님을 말하면서 자꾸 하나님을 잊는 경우가 있는데, 아닙니다. 예수 그리스도를 이 땅에 보내신 분이 하나님입니다. 하나님이 예수 그리스도를 빛으로 어두운 세상에 보내셨습니다. 하나님이 인간이 되어 세상으로 들어오셨습니다. 이 성육신 사건이 하나님의 역사에서 가장 중요한 계시입니다. 그래서 성경은 말씀합니다. "빛이 어둠에 비치되." 이 일을 행하신 분이 하나님입니다. 하나님이 아들 예수 그리스도를 빛으로, 하나님의 빛으로 이 땅에 보내셨습니다. 그래서 14절은 말씀합니다. "말씀이 육신이 되어 우리 가운데 거하시매 우리가 그의 영광을 보니 아버지의 독생자의 영광이요 은혜와 진리가 충만하더라." 역사적 예수, 그 예수를 보니 아버지의 독생자의 영광이요, 은혜와 진리가 충만했습니다. 예수 그리스도, 그 사건 자체가 하나님의 역사입니다. 하나님의 계시입니다. 특별히 십자가와 부활이 하나님의 최종 계시라는 것을 기억해야 합니다. 그래서 오직 예수 그리스도 안에서만 믿음으로 하나님께 다가갈 수 있습니다. 하나님과 함께할 수 있는 것입니다. 그런고로 예수님을 아는 자는 하나님을 아는 자요, 예수님을 믿는 자는 하나님을 믿는 자요, 예수님을 본 자는 하나님을 본 자요, 예수님을 만난 자는 하나님을 만난 자라는 사실을 기억해야 합니다.

그리고 세 번째는 우리가 망각하며 살아갈 때가 많습니다. 하나님의 최종적 계시의 결과물이 바로 하나님의 자녀라는 것을 기억해야 합니다. 이것은 하나님의 재창조의 역사입니다. 그래서 새로운 피조물, 새 사람, 거듭난 자라고 말합니다. 빛으로 오신 예수 그리스도가 창조하신 것입니다. 그 빛이 각 사람에게 비추어 알고, 영접하고, 믿는 자에게 하나님의 자녀가 되는 권세를 주셨습니다. 한마디로 하나님의 위대한 역사가 재창조의 역사를 일으켰는데, 그가 바로 하나님의 자녀인 것입니다. 다시 한 번 생각해 보십시오. 왜 하나님은 예수 그리스도를 이 땅에 보내신 것입니까? 왜 하나님은 예수 그리스도를 빛으로, 복음의 빛으로, 하나님의 빛으로 이 땅에 보내신 것입니까? 왜 예수님은 하나님의 아들이심에도 불구하고 십자가에 죽으셔야 했고, 부활하신 것입니까? 이 모든 질문에 그 목적, 최종적 답은 바로 하나님의 자녀입니다. 하나님의 자녀를 만드시기 위해서, 하나님의 자녀를 재창조하시기 위해서 하나님께서 이렇게 하신 것입니다. 이것을 항상 기억하며 살아가야 합니다.

세상의 주인이신 하나님

영국 옥스퍼드 대학 교수였던 하나님의 사람인 C. S. 루이스에게 학생이 이렇게 질문했습니다. "교수님, 하나님이 살아 계시다면 우리가 살아 있는 세상에 왜 이렇게 이해하기 힘든 고난이 많을까요?" C. S. 루이스는 준비된 답을 말해 주었습니다. "그렇지 않아도 인간은 교만하기 짝이 없는데, 만일 고난마저 없다면 인생은 얼마나 더 교만하겠는가."

정말 고난과 질병과 재난을 통해서만 비로소 세상의 주인이 인간이 아니라는 것을 깨닫게 됩니다. 세상의 주인은 하나님입니다. 하나님이 창조하셨고, 하나님이 역사하십니다. 오직 하나님의 자녀만이 이 위대한 진리를 알고 인식하며 이 일에 증인으로 오늘을 살아가는 것입니다. 그래서 오늘 성경은 놀라운 선포를 합니다. '하나님께로부터 난'(born from God) 자들이 있다는 것입니다. 하나님으로부터 출생한 자들이 있습니다. 이것이 복음입니다. 이 세상에 주시는 위대한 복음입니다. 하나님이 역사하셔서 인간을 재창조하시고, 하나님으로부터 출생한 자를 만드셨다는 것입니다.

성도 여러분, 정말 하나님의 역사를 믿고 하나님을 믿는다면, 이 세상 속에서 가장 큰 신비, 기적, 놀라운 기쁜 사건은 무엇입니까? 하나님의 자녀가 되는 것입니다. 추상적인 이야기가 아니라, 하나님으로부터 출생하는 것입니다. 정말 오늘날 인간이 하나님을 안다면, 하나님의 역사를 믿는다면, 가장 큰 소원은 무엇입니까? 하나님의 자녀가 되는 것입니다. 하나님의 역사에서 최종 결과물인데, 말씀으로만 하신 것이 아니라 그 아들을 보내십니다. 십자가에 죽으시고 부활하시면서 말씀하시고, 수많은 사건을 통해서 하나님의 방식으로 행한 그 결과물이 하나님의 자녀들인 것입니다. 오늘 성경은 말씀합니다. "하나님께로부터 난 자들이니라." 잊어서는 안 됩니다. 하나님의 역사가 하나님의 자녀인 내게 임한 것입니다. 나타난 것입니다. 어떻게 이 일을 망각하며, 소홀히 여기며 살아갈 수 있습니까? 그런고로 인류의 가장 큰 불행과 비참한 일은 바로 여기에 있습니다. 하나님의 역사를 알지 못한다는 것입니다. 오늘도 여전히 하나님께서 역사하신 일을 전혀 알지 못한 채 살아갑니다. 구원받은 그리스도인이라고 생각하면서도 잘못된 인생을 살면서 원망과 불평과 근심으로 살아가는 이유가 무엇입니까? 왜 놀람과 기쁨과 경외가 사라진 것입니까? 자신이 누구인 줄 몰라서 그렇습니다. 하나님의 역사를 망각했기 때문입니다. 하나님의 그 위대한 역사가 하나님의 자녀에게 나타나 하나님으로 출생한 자가 되었음을 인식하지 못했기 때문입니다.

하나님으로부터 출생함

성도 여러분, 하나님으로부터 출생하는 일이 어떻게 일어날 수 있습니까? 어떻게 이것이 가능합니까? 성경은 그 답을 줍니다. 오직 하나님의 역사로 됩니다. 인간의 역사가 아닙니다. 절대 될 수 없습니다. 하나님으로부터 태어났다는 것은 하나님의 역사입니다. 또한 하나님의 방식으로 되는 것입니다. 아무리 선한 생각을 갖고 뜻을 모아도 인간의 방식으로 되는 것이 아닙니다. 오직 하나님의 방식입니다. 바로 예수 그리스도 안에서 성령을 통하여 될 뿐입니다. 예수 그리스도 안에서 성령을 통하여 되는 것이 하나님의 방식입니다. 그리고 이 모든 것은 하나님의 은혜의 역사로 됩니다. 빛이 있어야 됩니다. 독생자 예수 그리스도가 이 땅에 오셔야 됩니다. 그리고 그 빛이 우리에게 비추어야 됩니다. 그리고 그 비추인 빛을 알게 되고, 영접하게 되고, 믿게 되어야 하는 것입니다. 이 모든 것이 하나님의 은혜로 되는 것입니다. 얼마나 신비롭고 경이로운 일입니까! 그래서 오늘 우리에게 주시는 하나님의 말씀은 이렇게 기록하고 있습니다. "혈통으로나 육정으로나 사람의 뜻으로 나지 아니하고 오직 하나님께로부터 난 자들이니라." 항상 묵상하며 살아가시기 바랍니다.

이런 놀라운 하나님의 자녀가 되는, 하나님으로부터 출생하는 일은 먼저 '혈통'으로 되는 것이 아닙니다. 아브라함의 자손으로 되는 것이 아닙니다. 그러나 오늘날까지 유대인은 하나님의 민족이라고 하면서, 하나님께 예배하면서도 이 혈통에 사로잡혔습니다. 그것이 아니라고 아브라함 때부터 이야기하는데, 믿음으로 의인이 되었음을 말하는데, 유대인들은 성경을 잘못 해석하는 것입니다. 왜곡한 것입니다. 계속 혈통을 주장하는 것은 참으로 어리석은 것입니다. 이 세상에서 혈통을 주장하는 것만큼 어리석은 일이 없습니다. 특히 목사, 목회자의 아들, 선교사의 아들을 구분하는 일이 있는데, 다 똑같습니다. 그것으로 하나님의 자녀가 되는 것이 아닙니다. 이것은 인간의 방식이지 하나님의 방식이 아니기 때문입니다.

또한 '육정'(the will of flesh)으로 되는 것이 아닙니다. 육신의 생각으로 되는 것이 아니라는 말입니다. 열심을 내고, 열심히 하나님의 일을 하고, 열심히 구제하고 봉사한들 그것으로 하나님의 자녀가 되는 것이 아닙니다. 교회에 출석하고, 헌금을 많이 내고, 많이 선교하고, 구제하고, 하나님의 일을 한다고 되는 것이 아닙니다. 그것은 율법주의입니다. 그렇다면 완전히 율법을 지켜야 되는데, 어느 누가 지킬 수 있습니까? 그것이 아니라고 선포되었는데 계속 그런 길이 등장합니다. 이것이 하나님의 교회를 무너뜨립니다.

또한 '사람의 뜻'이 아니라고 성경은 말씀합니다. 아무리 그 뜻이 좋아도, 아무리 선한 뜻이라도 사람의 뜻은 절대 아닙니다. 인간의 계획과 방식으로는 절대 하나님의 자녀가 되지 못합니다. 아무리 좋은 프로그램과 이벤트이고, 나를 놀라게 하고 다른 사람에게 감동을 주어도, 흐느끼며 찬양해도 그것은 아닙니다. 아무리 오래된 좋은 전통과 제도와 관습이라 해도 그것을 지킨다고 하나님으로부터 출생할 수 없습니다. 절대 아닙니다. 오늘날 보십시오. 제자화가 보통 문제가 아닙니다. 온 교회마다 제자화입니다. 그 프로그램을 처음부터 살펴보면, 계속 단계가 있습니다. 죽을 때까지 그 단계에 들어가야 됩니다. 열심을 끌어내고, 봉사하고, 구제하고, 선교할 수는 있습니다. 하지만 그것은 결코 하나님의 방식이 아닙니다. 세상 모든 종교가 제자화입니다. 교육 프로그램을 갖고 있고, 거기에 끌려가는 것입니다. 오늘날 기독교 안의 이단들을 보십시오. 다 제자화와 다를 바 없습니다. 열심을 내고, 놀랄 만큼 헌신하고, 헌금을 내고, 봉사한다고 한들 하나님께로부터 출생할 수 있는 것이 아닙니다. 전혀 아닙니다. 깊이 생각해야 합니다.

오늘 성경은 말씀합니다. "오직 하나님께로부터 난 자들이니라." 하나님의 자녀로 출생해야 되는 것입니다. 이런 사람을 영생을 소유한 자라고 말합니다. 영생을 가져야 됩니다. 이런 사람을 거듭난(born again) 자라고 말합니다. 새로 태어나야 되는 것입니다. 간단히 생각해 보십시오. 어느 누가 어떤 좋은 프로그램으로 영생을 주고, 영생을 누리게 한다는 말입니까? 그것들은 다 추상적인 이야기입니다. 어느 누가 하나님께로부터 출생한 자를 만들 수 있다는 말입니까? 전혀 아님에도 끌려가게 됩니다.

하나님의 역사를 인식하는 하나님의 자녀

인도의 선교사였고, 에즈베리 신학교의 선교학 교수였던 존 시먼즈 박사의 일화입니다. 그분이 인도에서 사역할 때 한 이슬람교도로부터 질문을 받았습니다. "당신네 기독교인들 말이야, 수학도 모르는 사람들이야. 당신네들은 1+1+1=1라고 하지? 그것이 삼위일체 하나님이라고 하면서 말이야. 그런데 아니, 그것이 3이지 어떻게 1이야?" 그는 매우 비아냥거리며 질문했습니다. 그때 존 시먼즈 박사님이 되받아서 이렇게 물었답니다. "그럼 $1 \times 1 \times 1$은 몇이오?" 그는 대답합니다. "1이지."

성도 여러분, 사탄은 항상 하나님의 역사를 왜곡하고, 하나님의 뜻을 왜곡한다는 사실을 인식해야 합니다. 하나님의 자녀로 출생했다는 것을 추상화하고, 의심하고, 정체성을 잃게 만듭니다. 부지불식간에 세상 지식으로 그렇게 만들어갑니다. 하나님의 역사가 너무나 자명함에도 불구하고, 어떤 일만 생기면 '하나님은 어디 계신가? 무엇을 하시는가?'라고 하나님께 기도하면서 떼를 씁니다. 이런 일이 없어야 된다고 하면서, 어느덧 불신앙의 사람이 되어가지 않습니까? 삼위일체 하나님의 역사가 있어서 하나님의 자녀 된 내가 그 사실을 소홀히 여기고 망각합니다. 하나님의 역사, 그리스도의 역사, 성령의 역사가 있어서 만들어진 결과물이 하나님의 자녀입니다. 하나님께로부터 난 자들인데 하나님의 역사를 망각하는 것입니다. 그래서 깨어 기도해야 하는 것입니다.

간단하게 한번 생각해 보십시오. 성탄절에 대해 생각할수록 참 놀랍습니다. 왜요? 분명 예수님이 오신 날이고, 예수님이 출생하신 날입니다. 참으로 신비롭고, 경이롭고, 놀라운 일인데 이것이 세상 속에서 아주 교묘하게 흘러갑니다. 구제와 봉사 쪽으로 방향이 틀어지면서, 성탄절은 구제 봉사하는 날이 되어버렸습니다. 거기서 더 나아가다가 이상한 인물이 떠오릅니다. 산타클로스입니다. 이것이 말이 됩니까? 세상에서 산타클로스를 강조하면 말이 되어도, 교회 안에서조차 크리스마스 날의 주인공이 산타클로스가 되었습니다. 어쩌자고 이렇게 변해가는 것입니까? 그러다가 오늘날은 아예 축제의 날입니다. 그냥 먹고 마시고 노는 날입니다. 이것이 얼마나 무섭습니까! 아니, 예수님이 오신 날에 어떻게 성육신의 복음이 온데간데없이 사라지고 이렇게 변한 것입니까? 이것이 사탄의 역사라는 것입니다. 이렇게 하나님의 역사를 교묘하게 틀어서 왜곡시킵니다. 이것을 알아야 합니다. 이것을 인식하고, 이 속에서 '아니다'라고 말하고, 하나님의 역사를 체험하는 자가 오직 하나님의 자녀입니다.

생각해 보십시오. 하나님께로부터 난 자들, 영생을 소유한 거듭난 자들, 이것은 인간의 이성을 넘은 초월적 역사입니다. 신비한 것입니다. 그래서 눈으로 볼 수 없습니다. 그러나 알 수 있습니다. 나타난 사실로 알 수 있습니다. 경험할 수 있습니다. 하나님의 역사를 항상 인식할 수 있습니다. 그 변화의 핵심은 먼저 예수 그리스도와의 관계가 완전히 변하는 것입니다. 그분은 하나님이시고 빛으로 오신 분입니다. 오늘도 살아 계신 하나님이십니다. 예수님과 나와의 관계가 변했습니다. 그분은 구주입니다. 추상적인 것이 아니라, 삶에서 온 마음으로 인식하며 항상 예수님을 따라 오늘을 살아갑니다. 구주시기 때문에 그분을 본받고 싶은 것입니다. 그분의 빛이 내 안에 있는 것입니다. 그것을 알고, 영접하고, 확신하며 살아갑니다. 그럴 때 자아가 깨지는 것입니다. 자기가 부인되는 것입니다. 자기 뜻이 작아지는 것입니다. 자기 영광을 포기하는 것입니다. 이제는 오직 그리스도의 영광, 그것뿐입니다. 이것이 하나님의 자녀에게 나타납니다. 왜요? 하나님으로부터 출생한, 영생을 소유한 자이기 때문입니다.

더 나아가서 성령 하나님이 계십니다. 성령과 나와의 관계가 달라졌습니다. 그것은 추상적인 것이 아니라, 살아 계신 보혜사가 내 안에 계심을 알게 되었습니다. 이제는 영 주도적으로 살아갑니다. 이전에는 육신의 생각에 이끌렸지만, 이제는 그것을 넘어 영의 생각으로 하루하루를 시작합니다. 이 땅에서 영생의 삶을 나타내기 시작했습니다. 그리스도와 연합하며, 예수 그리스도 안에 나타난 은혜와 진리를 기뻐하고 증거하며 살아갑니다. 이처럼 변화되었습니다. 무엇을 말하는 것입니까? 내 안에 하나님의 역사가 나타나는 것입니다.

최종적으로는 오직 하나님께 영광 돌리는 삶을 살아갑니다. 이전에는 나의 영광이 최고였습니다. 그것이 나의 행복이었습니다. 이제는 오직 하나님께 영광입니다. 왜요? 하나님께로부터 난 자이기 때문입니다. 하나님께로부터 출생했기 때문에 이제는 오직 하나님 중심의 인생을 살며 모든 가치관, 진리관, 인생관이 바뀌었습니다. 하나님의 말씀으로, 하나님의 관점으로 생각하고 판단하면서 오늘을 살아갑니다. 하나님의 일에 힘쓰고, 하나님께 순종하고, 복음의 증인으로 살아가게 됩니다.

성도 여러분, 이 놀라운 삼위일체 하나님의 역사가, 그 관계가 내 안에 나타났습니까? 나타나기 시작했습니까? 그렇다면 여러분은 하나님께로부터 출생한 하나님의 자녀입니다. 그러나 경험한 적도 없고, 오늘도 나타나지도 않고, 알지도 못한다면 하나님의 역사에 대해 무지한 것입니다. 혹은 하나님의 역사를 망각한 것입니다. 시험에 빠진 것입니다. 진정 우리는 매일매일 내가 얼마나 하나님의 역사에 대한 확신을 갖고 살아가는지, 그 역사의 근거가 하나님의 자녀라는 것에 있는지 항상 점검하면서 살아가야 합니다.

삼위일체 하나님의 역사 속에 살아감

하나님의 사람 코리 텐 붐이 쓴 『주는 나의 피난처』라는 유명한 책에 나오는 이야기입니다. 제2차 세계대전 당시 그녀는 암스테르담에 살고 있었습니다. 당시에 독일군과 연합군이 전투 상황이라서 항상 포탄이 오고 갔습니다. 그날도 할렘가 상공에서 한밤중에 전투가 시작되어 누워서 계속 포탄 소리를 듣게 되었습니다. 잠을 잘 수가 없었습니다. 그런데 집 안 저 밑에서 딸그락 소리가 나서 보니까 언니가 부엌에서 뭔가 하고 있었습니다. 그래서 생각합니다. '어차피 잠 못 자니까 언니를 도와서 일하다가 차를 한 잔 마셔야 되겠다.' 그리고 언니에게로 다가갔습니다. 가서 차를 마시고, 한 몇 시간 지난 다음에 다시 자기 방으로 올라와서 보니 포탄이 떨어져서 파편으로 가득 차 있는 것입니다. 깜짝 놀란 코리 텐 붐이 언니를 불러서 말합니다. "언니, 만약에 언니를 보러 부엌에 가지 않았다면 난 죽었을 거야." 그때 언니가 한 말을 한평생 잊을 수 없었다고 합니다. "아니야, 하나님이 주관하시기 때문에 만약은 없어."

성도 여러분, 하나님께로부터 난 사람은 항상 이렇게 생각하며 살아갑니다. 하나님의 역사가 내 안에 있고, 나 자신이 하나님의 역사의 근거입니다. 삼위일체 하나님의 역사 속에 믿음으로 내가 하나님의 자녀, 하나님으로부터 출생한 사람이 되었음을 믿고 확신하며 오늘을 살아갑니다. 전지전능하신 하나님이 나와 함께하시고, 살아 계신 그리스도가 나와 함께하시고, 보혜사 성령께서 나와 함께하심을 믿고 살아갑니다. 성도 여러분, 이것보다 더 위대한 기적이 어디 있습니까? 이 얼마나 놀랍고, 경이롭고, 신비한 사건입니까? 하나님께서는 하나님의 자녀와 항상 함께하십니다. 예수님께서 승천하시면서 말씀하십니다. "세상 끝날 때까지 내가 너희와 항상 함께 있으리라." 하나님께서는 하나님의 자녀를 버려두지 않으십니다. 항상 함께하십니다. 하나님의 방식으로 함께하십니다. 삼위일체 하나님께서 나와 함께하심을 알고, 체험하며, 이 일의 증인으로 살아가야 합니다.

성도 여러분, 천국은 누가 들어가는 것입니까? 교회 다니는 사람입니까? 착한 일을 많이 한 사람입니까? 선행을 많이 한 사람입니까? 전도를 많이 한 사람입니까? 아닙니다. 영생을 소유한 자, 거듭난 자, 한마디로 하나님께로부터 출생한 자뿐입니다. 그래서 예수님께서 말씀하십니다. "주여 주여 해도 못 들어간다. 너희가 내 이름으로, 예수 그리스도의 이름으로 많은 권능을 행하고 귀신을 쫓아내고 선지자 노릇을 해도 천국에 들어가지 못한다." 오직 하나님의 역사로 말미암아 재창조된 하나님의 자녀만이 천국에 들어갑니다. 이 정체성을 가지고 세상을 살아가면 되는 것입니다. 하나님의 역사를 인식하며, 빛으로 오신 예수 그리스도를 인식하며, 내게 비추어진 그 복음의 빛을 인식하며, 갈망하며, 기뻐하며, 증거하며 사는 자가 하나님께 영광 돌리는 하나님의 자녀입니다. 이 어두운 세상에 복음의 빛을 증거하며, 하나님이 어디 계시냐고 묻는 시대를 향하여 하나님의 창조가 증거요, 예수 그리스도가 증거요, 내가 증거라고 말하며 그리스도의 영광을 나타내는 승리의 삶을 살아가야 할 것입니다.

기 도

전지전능하신 은혜의 하나님, 캄캄하고 어두운 세상에 독생자 예수 그리스도를 빛으로 보내주시어 각 사람에게 비추는 그 빛을 알고, 영접하고, 믿음으로 하나님의 자녀 되게 하시며, 비로소 하나님으로부터 출생한 천국 백성임을 인식하며, 이 땅에서 승리의 삶을 살게 해주심을 진심으로 감사드립니다. 그러나 부지불식간에 하나님의 역사를 망각하며, 때로는 의심하며 회의에 빠져, 또다시 옛사람의 본성에 이끌리어 세상 중심의 삶을 살아가는 어리석은 죄인을 용서하여 주시옵소서. 성령이시여, 내 안에 이미 하나님의 역사가 나타났고, 성취되었음을 알고, 살아 계신 하나님의 역사에 증인으로 재창조되었음을 알고 체험하여 하나님의 역사에 증인으로 승리의 삶을 살도록 지켜주시옵소서. 우리 주 예수 그리스도의 이름으로 간절히 기도드리옵나이다. 아멘.

너희는 세상의 빛이라

너희는 세상의 빛이라 산 위에 있는 동네가 숨겨지지 못할 것이요 사람이 등불을 켜서 말 아래에 두지 아니하고 등경 위에 두나니 이러므로 집 안 모든 사람에게 비치느니라 이같이 너희 빛이 사람 앞에 비치게 하여 그들로 너희 착한 행실을 보고 하늘에 계신 너희 아버지께 영광을 돌리게 하라

마 5:14-16

05

너희는 세상의 빛이라

●

오래전에 성자로 불리는 안토니우스라는 사람이 있었습니다. 그는 깊은 굴속에서 10년간 기도 생활을 했습니다. 긴 기도 생활을 끝내고 이만하면 충분하다고 생각하면서 밖으로 나서는 그에게 하나님의 음성이 들렸습니다. "안토니우스야, 너는 아직 저 알렉산더에 있는 구두 수선공만도 못하구나." 안토니우스는 곧장 알렉산더로 달려갔습니다. 그리고 마침내 구두 수선공을 만나 물었습니다. "당신이 성자가 된 비결은 대체 무엇입니까?" 그러자 구두 수선공은 갸우뚱하며 대답했습니다. "성자라니요? 나는 성자가 무엇인지 전혀 알지 못합니다. 다만 남에게 친절히 하고 정직으로 본을 삼으니,

아침부터 저녁까지 찬송과 기쁨이 내 생활의 일과가 되었습니다."그때 안토니우스는 큰 깨달음을 얻고 이렇게 말했습니다. "하나님께서 나로 하여금 '굴속의 성자'가 되지 말고 '거리의 성자'가 되라고 하는 뜻이로구나!" 깊이 생각해 보시기 바랍니다.

세상이 창출해 낸 빛

예수님께서 십자가를 지시기 전에 하신 중보기도입니다. "아버지께서 나를 세상에 보내신 것 같이 나도 그들을 세상에 보내었고"(요 17:18). 성도 여러분, 하나님께서 아들 예수 그리스도를 세상 속으로 보내셨습니다. 이와 같이 하나님께서 예수 그리스도 안에서 하나님의 자녀를 세상으로 보내셨다는 것을 항상 기억해야 합니다. 요한복음 1장 5절에 "빛이 어둠에 비치되"라고 선언하고 있습니다. 하나님께서 예수님을 빛으로 세상에 보내신 것과 같이, 하나님의 자녀를 세상에 빛으로 보내셨습니다. 이것을 기억해야 합니다.

하나님의 판단에 세상은 어둠입니다. 이것을 잊어서는 안 됩니다. 깜깜한 어둠입니다. 죄의 권세 아래 있고, 사탄의 영향력 속에 있고, 죄 중에 살고 있습니다. 그래서 하나님의 형상을 잃어버렸고, 하나님을 아는 지식이 왜곡되었고, 어느 누구도 하나님께 가까이 갈 수 없었고, 하나님께 영광 돌리는 삶을 살아가지 못하게 되었습니다. 온 마음을 다하여 하나님을 경외하는 자도 없고, 하나님을 사랑하지도 못하고, 하나님의 뜻에 순종하지 않습니다. 그럼에도 불구하고 세상은 새로운 빛을 창출해 냈습니다. 그것이 지식이라는 것입니다. 이성을 통한 지식으로 교육시키고 계몽시키려고 합니다. 세상은 이런 과정에 있지 않은 사람을, 이러한 교육을 받지 못한 사람을 미개인이라고 합니다. 아주 나쁜 언어입니다. 하나님 보시기에 누가 미개인입니까? 그럼에도 세상은 그런 지식을 교육받지 않은 계몽되지 못한 사람을 그렇게 정죄합니다. 세상은 지식을 통하여 진보하고 발전한다고 확신합니다. 역사를 보면 그와 같은 과정이 있습니다. 그 결과가 무엇입니까? 몸이 편한 것입니다. 자동차, 비행기, 기차 또는 새로운 약, 과학과 의학이 발달됨으로써 몸이 편해진 것입니다.

그럼에도 인간의 마음은, 인간다운 삶은 점점 나빠지고 있습니다. 한마디로 어둠 속으로 깊이 빠져 들어가고 있습니다. 그런데 그 사실을 모릅니다. 이기심이 극대화되고, 불공정, 불평등, 불의, 불경건이 가득 차 있습니다. 그런데도 그 사실을 모릅니다. 왜요? 끝까지 교육을 통한 지식이 빛이라고 확신하기 때문입니다. 얼마나 어리석습니까? 한마디로 세상의 지식, 인간이 만든 그 지식에 스스로 속은 것입니다. 그런데 속았다는 사실도 모릅니다. 그래서 빛이신 예수 그리스도가 와도 영접하지 아니하고 거부하는 상태가 된 것입니다. 아직도 깨닫지 못합니다. 아직도 새로운 지식을 창출해 내며 그 지식을 따라갑니다. 거기에 자유가 있고, 번영이 있고, 화평이 있고, 평안이 있다고 믿습니다. 한 번도 그런 적이 없는데, 아직 어둠입니다. 어둠 속에 있습니다.

성도 여러분, 오직 하나님의 자녀만이 이 놀라운 상태를, 이러한 진리를 깨닫습니다. 세상은 어둠입니다. 절대 잊어서는 안 됩니다. 우리가 신앙생활을 하는 동안 세상이 어둠이라는 사실을 잊으면 그냥 어둠으로 동화되고 맙니다. 하나님의 자녀는 이 어둠에서, 어두운 세상에서 구원받았습니다. 벗어난 것입니다. 하나님 나라의 백성이 되어서 하나님의 자녀가 되었습니다. 그것을 알고 확신하며 오늘을 살아갑니다. 이제는 살아 계신 그리스도가 내 안에 계심을 믿습니다. 성령을 통하여 내 안에서 역사하심을 알고 믿습니다. 그래서 복음의 빛이 내게 비추었고, 그 빛을 알고, 영접하고, 믿음으로 하나님의 자녀 된 사실을 항상 기뻐하며, 기억하며, 찬송하며 오늘을 살아갑니다. 이제는 영적 분별력이 생겼습니다. 빛과 어둠이 무엇인지를 알게 되었습니다. 이제는 영의 생각에 이끌려 살아갑니다. 이제는 세상에 사나 세상에 속하지 아니한 자로, 하나님 중심의 삶으로 변화된 인생을 체험하게 되었습니다.

어둠에서 구원받은 하나님의 자녀

어르신들 사이에 이런 유행하는 이야기가 있답니다. 나이가 들어 병원에 갈 때쯤 되면 약이 떨어져야 되는데, 항상 약이 남습니다. 그 이유는 약 먹는 것을 까먹는 것입니다. 그런데 더 나이가 들어 상태가 심각해지면 약이 항상 부족합니다. 약 먹었다는 사실을 까먹기 때문입니다. 저도 가끔 보니, 있어야 될 약이 없습니다. 한 번 먹을 것을 두 번 먹은 것입니다. 나이가 듦에 따라서 이성적 능력은 점점 축소될 수 있습니다.

그러나 반드시 기억해야 될 것이 있습니다. 우리가 이 세상을 살아가는 동안 세상은 어둠 속에 있다는 것입니다. 항상 어둠입니다. 이제 예수 그리스도께서 빛으로 오셨습니다. 하나님께서 이 일을 행하신 것입니다. 이제 성령을 통하여 그 빛이 내게 임하였고, 그 빛을 알고 믿는 자가 된 것입니다. 어둠에서 구원받은 하나님의 자녀입니다. 무엇보다 기억해야 될 것은, 하나님의 자녀는 세상으로 보냄 받은 자라는 것입니다. 나를 하나님의 자녀 되게 하신 하나님의 목적은 그 자녀가 세상에서 하나님의 뜻에 순종하며, 하나님의 영광을 나타내며 사는 것입니다. 그래서 예수님께서 오늘 우리에게 말씀하십니다. "너희는 세상의 빛이다." 이것을 잊어서는 안 됩니다. "너희는 세상의 빛이다." 이것은 위대한 선포입니다. 하나님의 자녀를 향한 최고의 찬사입니다. 세상의 빛이 되어야 형통한 삶을 살고, 하나님께 영광 돌리는 삶을 살아갈 수 있습니다. 하나님의 자녀에게 주신 말씀입니다.

특별히 예수님께서 택하신 제자들에게 주신 말씀입니다. 그 제자들이 누구입니까? 아무것도 행한 일이 없습니다. 이제 조금 있으면 예수님이 십자가를 지실 때 다 도망갈 사람들입니다. 어떤 선행을 한 적도 없습니다. 그러나 하나님의 자녀이기에 예수님께서 말씀하십니다. "너희는 세상의 빛이다." 그들은 이게 무슨 말인지 몰랐습니다. 그러나 예수님이 십자가에 죽으시고 부활하신 이후에 그들이 성령 충만함을 받아 비로소 이 사실을 기억하게 됩니다. 그리고 성경에 기록합니다. 정말 이 말씀이 하나님의 자녀에게 사건으로 임하여 세상의 빛으로 위대한 인생을 살아가지 않습니까? 오늘도 하나님의 자녀에게 말씀하십니다. 나 같은 죄인을 아시고 또 말씀하십니다. "너희는 하나님의 자녀이기에 세상의 빛이다." 위대한 복음입니다. 문제는 이 복음을 믿느냐 믿지 않느냐, 여기에 달려 있는 것입니다. 이 위대한 선언을 기억하느냐 기억하지 않느냐, 여기에 달려 있는 것입니다. 성도 여러분, "너희는 세상의 빛이다"라는 말씀을 내게 주신 그리스도의 말씀으로 알고, 믿고, 기뻐하며 오늘 살아가십니까? 깊이 생각해야 할 것입니다.

성경에 보면, 세상의 빛은 오직 예수 그리스도뿐입니다. 어느 인간도 세상의 빛이 될 수 없습니다. 빛은 예수 그리스도뿐입니다. 하나님께서 세상의 구주로 예수 그리스도를 보내셨습니다. 세상의 구세주는 오직 예수 그리스도뿐입니다. 그런데 "너희는 세상의 빛이다"라고 합니다. 이것이 무슨 말입니까? 빛이신 예수 그리스도와 바른 관계를 맺을 때 세상의 빛이 될 수 있다는 것입니다. 예수 그리스도와 믿음으로 연합하며 그리스도를 따르는 삶을 살아가는 자가 세상의 빛인 것입니다. 그리스도와 아무 관계없는 인생을 살아가는 자는 아직 어둠입니다. 이것을 알아야 합니다. 예수님께서 요한복음 8장 12절에서 말씀하십니다. "예수께서 또 말씀하여 이르시되 나는 세상의 빛이니 나를 따르는 자는 어둠에 다니지 아니하고 생명의 빛을 얻으리라." 예수 그리스도를 따르는 자는 생명의 빛을 얻어 세상의 빛이 된다는 말씀입니다. 무엇보다도 예수 그리스도로 말미암은 은혜와 진리의 빛에 집중해야 합니다. 그 은혜, 그 진리를 믿음으로 내가 하나님의 자녀가 되었습니다. 이제 내 안에 나타난 그 은혜와 진리를 증거하게 됩니다. 그때 세상의 빛이 되는 것입니다. 그래서 에베소서 5장 8절에 이렇게 기록하고 있습니다. "너희가 전에는 어둠이더니 이제는 주 안에서 빛이라 빛의 자녀들처럼 행하라."

복음의 빛

성도 여러분, 빛의 본질이 무엇입니까? 간단하게 생각하십시오. 빛은 항상 밝게 비추어야 빛인 것입니다. 밝게 비추지 못하는 것이 무슨 빛입니까? 빛일 수가 없습니다. 이것을 기억해야 합니다. 또한 빛의 본질은 항상 비추는 것입니다. 어둠과 타협하지 않습니다. 어둠에 종속되지도 않습니다. 동화되지도 않습니다. 빛은 빛으로 존재해야 하는 것입니다. 예수 그리스도가 이 땅에 오셨습니다. 오늘도 그리스도의 빛이 나타났고 역사하십니다. 이것을 인식하며 오늘을 살아가야 합니다. 복음의 빛은 나타났고, 그 결과로 내가 하나님의 자녀가 된 것입니다. 이 빛을 항상 기억해야 합니다.

하나님의 자녀란 그리스도의 빛, 복음의 빛의 최종 결과입니다. 그 빛의 역사가 내 안에 나타났음을 인식하고 살아가는 자가 하나님의 자녀입니다. 그러므로 복음의 빛이 무엇인가를 생각해야 합니다. 이것은 추상적인 것이 아닙니다. 내 안에, 역사 안에 사건으로 나타난 그 빛의 결과를 항상 인식하며 자신을 분별해 나가야 합니다. 이 복음의 빛은 무엇보다 어둠의 상태, 원인, 결과를 항상 알게 해주십니다. 보여주십니다. 이제 그 빛 아래에서 빛을 믿고 보니, 세상의 역사가 보입니다. 죄의 역사입니다. 사탄의 역사에 종속되었습니다. 그것을 알게 됩니다. 이 세상의 모든 불행과 비극의 원인을 알게 되었습니다. 어둠의 역사인 것입니다. 하나님을 떠난 인생의 결과입니다. 무엇보다도 세상은 어둠이라는 사실을 항상 인식하며 살아가야 합니다.

또한 복음의 빛은 어둠에서 벗어나는 길을 우리에게 알게 해주십니다. 오직 예수 그리스도입니다. 그래서 예수님이 나의 구주시요, 구세주가 되신 것입니다. 이것을 추상적으로 생각하지 마십시오. 내 안에 실제 나타난 것이요, 내 인생입니다. 예수 그리스도 외에는 구원의 길이 없습니다. 그러므로 어떤 종교도, 어떤 사상도, 철학도 세상으로부터 구원시키지 못합니다. 어떤 세상 지식도 세상으로부터 벗어나게 하지 못합니다. 이것을 항상 분별해야 합니다.

그리고 복음의 빛은 어둠을 노출시킵니다. 어둠을 드러나게 해줍니다. 이 복음의 빛이 내 안에 있어야 내가 얼마나 미천한 죄인이고, 육신의 생각으로 가득 찬 자인지를 항상 깨달으며 살아갑니다. 이것이 복음의 역사입니다. 얼마나 감사합니까! 아무리 유명하고, 존경받고, 성공했다 한들 복음의 빛으로 보면 보입니다. 어둠이 노출되는 것입니다. 무엇보다도 세상의 관점, 세상의 세계관, 가치관, 역사관, 진리관, 인생관, 그 모든 것이 잘못된 것임이 나타나게 됩니다. 복음의 빛이 드러나게 하는 것입니다. 세상 지식의 끝은 사망입니다. 심판입니다. 그것을 알게 된 것입니다.

무엇보다도 복음의 빛은 믿는 자로 하여금 새로운 생각과 지식과 사고방식으로 살게 우리를 인도합니다. 참으로 신비한 것입니다. 영원한 세계를 바라봅니다. 한 번도 보지 못했지만, 믿게 되고 소망하게 되었습니다. 하나님 나라를 바라봅니다. 이것이 빛의 역사입니다. 이 모든 것이 복음의 빛으로 나타난 결과입니다. 이것을 체험하고, 인식하고, 이것을 기뻐하는 자가 거듭난 그리스도인인 것입니다.

성도 여러분, 교회는 이러한 거듭남의 역사가 일어나는 곳입니다. 죽은 영혼이 살아나고, 옛사람이 새 사람 되는 곳입니다. 어둠에서 빛으로 변화되는 역사가 일어나는 곳입니다. 그곳만이 교회입니다. 그것을 우리는 부흥이라고 합니다. 눈에 보이는 성장과 어떤 여러 사역 같은 것이 아닙니다. 이제 하나님의 자녀를 향하여 오늘도 예수님께서 말씀하십니다. "너희는 세상의 빛이라." 깊이 생각해야 할 것입니다.

빛을 증거하며 살아가는 것

미국의 저명한 기독교 학자인 도널드 반 하우스 박사의 일화입니다. 이분이 평소 친하게 지내던 사업가가 있었는데, 그가 죽었습니다. 그래서 장례식에 참석했는데, 거기서 고인이 쓴 편지를 받았습니다. 그 편지를 보니 "1년 전에 내가 쓴 글입니다"라고 시작하며, "'무덤가의 증언'이라는 제목의 이 글을 장례식장에 모인 사람들에게 읽어주세요"라고 쓰여 있었습니다. 그래서 박사는 고인의 바람대로 글을 읽었습니다. "지금 진행이 되고 있는 나의 장례식 가운데 나는 다시 한 번 복음을 증거하기 원합니다. 내 좋은 친구 맥, 자네는 지금 나의 관을 보고 있겠지. 내가 그동안 전하던 복음을 자네는 한사코 거부했는데, 정말로 죽음의 두려움을 이길 자신이 있는가? 사랑하는 조지, 아직도 예수 그리스도를 거부하는가? 사망의 죄에서 나를 구원하신 그분을 왜 믿지 않는가?"

성도 여러분, 빛의 자녀는 하나님의 자녀 된 그날로부터 주께서 부르시는 그날까지 복음의 빛을 전합니다. 내 안에 나타난 그리스도의 빛을 증거하며 살아가는 것입니다. 그래서 에덴낙원이 설립된 것입니다. 살아서도 그리스도의 증인으로, 죽어서도 그리스도의 증인으로 죽어야 되는 것입니다. 세상의 자녀들에게, 이웃에게 복음의 증인으로 살았음을 나타내며, 신앙의 유산을 주어야 하기 때문입니다. 나머지는 성령께서 역사하실 것입니다.

성도 여러분, 복음의 빛의 목적이 무엇입니까? 오늘 성경은 명확하게 계시하고 있습니다. 오직 하나님께 영광입니다. 그래서 예수님께서 16절에 이같이 말씀하십니다. "이같이 너희 빛이 사람 앞에 비치게 하여 그들로 너희 착한 행실을 보고 하늘에 계신 너희 아버지께 영광을 돌리게 하라." 복음의 역사가 나타나 내 안에서 일어나는 것은 하나님께 영광, 그것뿐입니다. 자아성취도 아닙니다. 물론 어느 정도 이루어집니다. 지혜를 주시기 때문입니다. 세상에서 부지런히, 성실하게, 지혜롭게 일하면 성공과 같은 것들도 주시지만 그것이 목적은 아닙니다. 또한 부와 건강도 아니요, 만사형통도 아니요, 나의 영광이 나타나는 것도 전혀 아닙니다. 오직 하나님께 영광, 그것이 나타나는 것이 복음의 결과입니다. 성도 여러분, 나의 인생을 통하여 어떤 목적이 나타나며 구체화되고 있습니까? 하나님께 영광입니까? 아니면 나의 영광을 오늘도 구하고 있습니까? 무엇보다도 나는 복음의 증인으로, 세상의 빛으로 살아가십니까? 매일 주님의 말씀에 비추어 나의 인생을 점검해 나가야 할 것입니다.

성도 여러분, 세상에서 빛으로 산다는 것은 쉬운 일이 아닙니다. 왜냐하면 자꾸 인간의 방식으로 살려고 하기 때문입니다. 세상의 빛으로 살기를 원한다면 오직 하나님의 방식으로만 가능합니다. 그래서 먼저는 내가 누구인지를 알아야 됩니다. 내가 하나님의 자녀라는 정체성을 갖고 살아야 됩니다. 그 자체가 빛입니다. 내가 어떻게 하나님의 자녀가 되었는지, 나 같은 죄인이 아직까지 죄인인데 어떻게 세상의 빛이라고 말씀하시는지, 거기에 메시지가 있는 것입니다. 오직 하나님의 방식으로 하나님의 은혜를 믿음으로, 예수 그리스도를 나의 구주로 영접함으로 하나님의 자녀가 되었습니다. 그 방식으로 내가 누구인지를 알고, 그 정체성을 가지고 살아갈 때 세상의 빛이 됩니다. 이것은 추상적인 이야기가 아닙니다. 우리 모두가 하나님의 방식을 확신합니다. 하나님의 역사가, 하나님의 행동이 내게 나타난 것입니다. 내 안에 그 변화가 인식되는 그 하나님의 역사를 증거할 수밖에 없습니다. 그때 세상의 빛이 됩니다.

또한 예수 그리스도로 말미암은 은혜와 진리에 집중해야 합니다. 다른 성경 말씀이 아닙니다. 율법이 아닙니다. 율법은 귀한 것이지만, 어느 누구도 율법을 완성할 수 없습니다. 그런 신앙생활을 하다 보면, 결국 율법주의에 빠지고 맙니다. 내가 열심히 봉사하고, 선행하고, 헌금을 많이 냈더니 하나님께서 복을 주시더라고 말하는 인간밖에 안 되는 것입니다. 어느 부분은 맞는 것 같지만 이것은 자기 의를 높이는 행위입니다. 자기 영광을 나타내는 삶일 뿐입니다. 전혀 아닙니다. 정말 전혀 아닙니다. 인간의 방식과 생각으로 절대 안 됩니다. 오직 그리스도로 말미암은 은혜와 진리에 집중해야 합니다. 그 은혜, 그 진리를 믿음으로 내가 하나님의 자녀가 되었기 때문입니다. 그러니 그 은혜를 전하고 그 진리를 나타낼 수밖에 없습니다. 이것이 하나님의 방식입니다.

특별히 오늘 성경을 보면, "너희는 세상의 빛이라"고 하는 말씀 바로 직전에 하신 말씀이 산상수훈입니다. 이 산상수훈 중에 위대한 팔복을 말씀하십니다. 다시 말해서, 그 팔복을 받은 자로, 그러한 상태의 하나님의 자녀로 살아갈 때 세상의 빛이 됩니다. 심령이 가난한 자로, 애통하는 자로, 온유한 자로, 의에 주리고 목마른 자로, 긍휼히 여기는 자로, 마음의 평화가 있는 자로, 화평케 하는 자로, 그리고 의를 위하여 핍박을 받는 자로 그런 인생을 통하여 세상의 빛이 되는 것입니다. 결과를 생각하지 마십시오. 결과는 성령께서 행하실 것입니다.

세상에 우리를 보내시는 예수님

그리고 무엇보다도 증인이 되어야 합니다. 내가 먼저 증인되는 것입니다. 다른 사람을 생각하지 마십시오. 왜요? 내가 하나님의 자녀가 되었기 때문입니다. 하나님께서 내게 말씀하십니다. "너는 세상의 빛이다." 하나님께서 예수님을 이 땅에 보내신 것처럼 예수님께서 우리를 보내셨다고 성경은 말씀합니다. 이것을 항상 기억해야 합니다. "내가 왜 하나님의 자녀가 되었을까? 어떻게 나만 이처럼 하나님의 은혜 속에 살아갈 수 있는가?" 여기에 목적이 있습니다. 세상으로 보내신 자, 곧 하나님의 자녀인 것입니다. 그래서 성경은 사도행전 1장 8절에서 이렇게 기록합니다. "오직 성령이 너희에게 임하시면 너희가 권능을 받고 예루살렘과 온 유대와 땅 끝까지 이르러 내 증인이 되리라." 성령을 받은 사람은 성령 안에서 비로소 깨닫습니다. 모든 하나님의 역사를 깨닫고, 그 역사가 내게 임했음을 깨닫습니다. 그래서 하나님의 자녀 되는 권능을 받았습니다. 그리고 그리스도의 증인으로 살아갑니다. 예수 그리스도가 아니라면, 그 빛이 임하지 않았다면 그냥 어둠의 자녀요, 어둠에 종속되어 멸망으로 향했을 것입니다. 성령께서는 그 모든 것을 깨우쳐 주시고, 알게 하시고, 믿게 하시어 증인 되게 하십니다. 여기에 하나님의 자녀의 인생이 있는 것입니다.

한 암 환자가 그 무서운 암을 치료하고, 또 수술을 받는 과정에서 너무도 평안한 모습을 보여서 간호사가 충격을 받았습니다. "도대체 어떻게 당신은 이처럼 고통 속에 무서운 암을 치료하고, 수술 받는 가운데서도 이렇게 평안하십니까?" 그 사람의 확신 있는 대답입니다. "내가 믿는 하나님은 전능하신 하나님이십니다. 내가 불안해할 필요가 전혀 없어요. 하나님을 하나님 되게 해드려야 합니다. 내가 불안해한다면 내 마음속에 하나님을 모실 수가 없습니다. 나는 전능하신 하나님이 나와 함께 계신 것을 믿습니다. 그리고 하나님은 내게 필요한 것을 언제나 준비해 주십니다. 내가 죽으면 천국을 준비해 주실 것이요, 살아서도 하나님이 나의 필요한 모든 것을 준비해 주실 터이니, 나는 아무것도 걱정할 필요가 없습니다." 이 말을 들은 간호사는 감동을 받아 예수님을 구주로 영접하여 구원받았다고 합니다.

성도 여러분, 하나님의 자녀는 삼위일체 하나님의 역사 안에 내가 있고, 그 역사가 내게 임하였음을 알고, 믿고, 붙들며 살아가야 합니다. 오직 하나님의 은혜로 말미암아 믿음으로 우리는 하나님의 자녀가 되었습니다. 그 자녀를 향하여 "너희는 세상의 빛이다"라고 말씀하십니다. 그렇기에 살아 계신 그리스도를 갈망하며, 그리스도를 따르며, 그리스도의 복음을 증거하며, 하나님께 영광 돌리는 인생을 살아가야 할 것입니다.

기도

전지전능하신 은혜의 하나님, 어둠 속에 살면서도 어둠의 존재인 줄 몰랐고 세상이 어둠이라는 말씀을 아직도 의심하며 세상 지식을 따라가는 미천한 죄인이건만, 이처럼 사랑하시어 그 은혜로 말미암아 믿음으로 하나님의 자녀가 되게 하사 이제야 비로소 빛의 세계를 갈망하며 복음의 빛을 따라 하나님께 영광 돌리는 삶을 살게 해주심을 진심으로 감사드립니다. 나의 주 성령이시여, 나 스스로의 힘과 믿음으로는 빛의 자녀로 살아갈 수 없사오니 복음의 빛을 비춰주시고, 그 빛을 알고, 믿고, 확신함으로써 이 어두운 세상에서 세상의 빛으로 살아가는 모든 하나님의 자녀 되게 복을 내려주시옵소서. 내 주변에 아직도 자기 의를 자랑하며, 자기 성공에 이끌려서 하나님을 알지 못하는 불신앙의 사람들이 많이 있습니다. 그들을 향하여 중보기도 하며, 깨어 기도하며, 복음의 빛을 나타내어 그리스도의 영광을 나타내는 형통한 삶을 살도록 지켜주시옵소서. 우리 주 예수 그리스도의 이름으로 간절히 기도드리옵나이다. 아멘.

하나님은 빛이시라

우리가 그에게서 듣고 너희에게 전하는 소식은 이것이니 곧 하나님은 빛이시라 그에게는 어둠이 조금도 없으시다는 것이니라 만일 우리가 하나님과 사귐이 있다 하고 어둠에 행하면 거짓말을 하고 진리를 행하지 아니함이거니와 그가 빛 가운데 계신 것 같이 우리도 빛 가운데 행하면 우리가 서로 사귐이 있고 그 아들 예수의 피가 우리를 모든 죄에서 깨끗하게 하실 것이요

요일 1:5-7

06

하나님은 빛이시라

월리엄 맥도날드의 저서 『잊혀진 명령, 거룩하라』에 나오는 일화입니다. 운전 중이었던 저자는 범퍼에 두 장의 스티커를 붙이고 다니는 트럭을 보게 되었습니다. 하나의 스티커에는 '나는 예수님을 사랑합니다'라고 쓰여 있었고, 다른 하나는 더 인상적이고 큰 이탤릭체로 이렇게 쓰여 있었습니다. '내 차를 건드리면 너의 얼굴을 부숴놓겠다.' 아마도 차 주인은 이 두 문구의 의미가 크게 대조된다는 사실을 망각했을 수도 있을 것입니다. 그런데 이러한 사실이 우리 모두에게 이런 질문을 하게 합니다. '나는 어떤 그리스도인의 모습을 나타내고 있는가?' '그들이 오직 나를 통해서만 그리스도를 볼 수 있다면 과연 그들은 내게서 무엇을 볼 것인가?' 깊이 생각해 보시기 바랍니다.

삶의 목적을 거룩에 둔 그리스도인

하나님의 사람 제임스 패커 목사님이 쓰신 『거룩의 재발견』이라는 책이 있습니다. 한 번쯤 읽어볼 만한 책입니다. 그 책에서 저자는 오늘날의 그리스도인들이 거룩을 한물간 것으로 생각한다고 주장합니다. 그러면서 세 가지 증거를 인용합니다. 첫째, 우리는 설교와 서적에서 거룩함에 대하여 듣지 못한다는 것입니다. 둘째, 우리는 교회의 리더들에게 거룩함을 요구하지 않습니다. 셋째, 우리는 개인적인 거룩함의 필요성을 언급하지 않습니다. 성도 여러분, 하나님의 자녀는 삶의 목적을 거룩에 두고 살아가는 사람입니다. 이것이 하나님의 뜻입니다. 하나님 자녀는 생의 목적을 행복에 두지 않습니다. 부와 건강과 자아성취와 성공에 두지 않습니다. 이런 것들은 불신자들의 삶의 목적입니다. 그래서 나의 유익, 나의 행복, 나의 평안을 위하여 그 많은 시간과 열정을 쏟아 붓습니다. 그러나 하나님의 자녀는 전혀 그렇지 않다는 사실을 기억해야 합니다.

성경을 보면 하나님께서는 하나님의 자녀를 '성도'라고 칭하십니다. 거룩한 자라는 말입니다. 하나님의 자녀는 오직 하나님의 은혜로 말미암아 믿음으로 예수 그리스도 안에서 죄사함을 받고, 하나님의 의를 선물로 받고, 영생을 받았습니다. 성도가 된 것입니다. 그래서 성도, 거룩한 자 되었기에 거룩을 추구하고 나타내며 살아가게 됩니다. 거룩을 목적으로 살아가는 이유가 다른 삶의 존재가 되기 위한 것도, 무엇을 얻기 위함도 아닙니다. 전혀 아닙니다. 그것은 종교생활입니다. 그리스도인은 이미 예수 그리스도 안에서 성도, 하나님의 거룩한 자녀가 되었기에 거룩함을 추구하고 나타내며 살아가게 되는 것입니다. 이것을 항상 기억해야 합니다. 죄인은 하나님께 가까이 갈 수도 없고, 함께할 수도 없고, 교제할 수도 없습니다. 결코 없습니다. 오직 성도 된 하나님의 자녀만이 하나님께 가까이 나아가고 함께하며 교제할 수 있다는 사실을 잊어서는 안 됩니다.

성도 여러분, 구원의 최종 목적이 무엇입니까? 많은 사람은 구원의 최종 목적이 천국에 들어가는 것이라고 말하고 있는데, 그것은 잘못된 것입니다. 최종 목적은 '거룩'입니다. 이것이 하나님의 뜻입니다. 그래서 데살로니가전서 4장 3절은 이렇게 기록합니다. "하나님의 뜻은 이것이니 너희의 거룩함이라." 무엇보다도 에베소서 1장 4절은 말씀합니다. "곧 창세 전에 그리스도께서 우리를 택하사 우리로 사랑 안에서 그 앞에 거룩하고 흠이 없게 하시려고." 이 말씀을 항상 기억하시기 바랍니다. 하나님께서 창세 전에 하나님의 자녀를 택하시고 부르신 최종 목적이 '거룩하고 흠이 없게 하시려고'라는 것을 성경은 명백하게 선포하고 있습니다.

천국에 들어가는 사람이 누구입니까? 거룩한 자입니다. 성도가 천국에 들어가는 것입니다. 아무리 스스로 구원의 확신을 갖고 "주여! 주여!" 하고 하나님의 일을 많이 한들 거룩한 자가 되지 않으면, 거룩을 추구하지 않으면 천국에 들어가지 못합니다. 예수님께서 산상수훈의 결론에서 경고하십니다. 마태복음 7장 21절의 말씀입니다. "나더러 주여 주여 하는 자마다 다 천국에 들어갈 것이 아니요 다만 하늘에 계신 내 아버지의 뜻대로 행하는 자라야 들어가리라." 하나님의 뜻은 거룩입니다. 거룩한 자를 만드시기 위하여 예수님께서 이 땅에 오시고, 십자가에 죽으신 것입니다. 이제 성도 된 하나님의 자녀는 거룩을 목적으로 오늘을 살아가야 합니다. 아무리 선지자 노릇하고, 많은 능력을 행해 보이고 귀신을 쫓아낼지언정, 그리스도의 이름으로 이런 일을 행할지언정 천국에 들어가지는 못한다고 예수님께서 말씀하셨습니다.

성도 여러분, 복음을 오직 십자가의 복음이라 명명하는 것이 그 이유입니다. 십자가의 복음만이 미천한 죄인을 거룩한 자가 되게 하기 때문입니다. 어리석은 죄인을 하나님 자녀 되게 하십니다. 또한 십자가의 복음만이 성도가 성도답게 거룩을 지향하며, 거룩을 인생의 목적으로 거룩함을 나타내며 살도록 인도하십니다. 오직 십자가의 복음뿐입니다. 그런데 나는 하나님의 자녀라고, 하나님의 일을 한다고 하면서 그 마음에, 그 인생의 목적이 거룩에 있지 않다면 지금 잘못된 신앙생활을 하는 것입니다. 너무나 명백합니다.

먼저 생각해야 할 하나님의 거룩하심

성경은 하나님의 자녀가 하나님과 함께 교제한다고 약속하고, 그 삶을 누린다고 선포합니다. 거룩하신 하나님과 누가 함께할 수 있습니까? 거룩한 자뿐입니다. 성도 된 하나님의 자녀뿐입니다. 또한 하나님이 주시는 평강과 안식과 기쁨을 항상 누리는 것이 하나님의 자녀입니다. 왜요? 거룩한 자요, 거룩함을 추구하기 때문입니다. 그래서 하나님의 자녀의 인생의 목적은 항상 거룩에 있다는 것을 기억하며 오늘을 살아가야 합니다.

그래서 오늘 성경은 말씀합니다. "하나님은 빛이시라." 이 말씀을 항상 기억하며, 묵상하며 살아가시기 바랍니다. 하나님은 빛이시라는 것은 하나님의 속성, 즉 본성을 말하는 것입니다. 하나님의 본성에서 제일 먼저 우리가 생각해야 될 것은 하나님은 빛이시라는 것입니다, 즉 거룩과 거룩한 생명을 말합니다. 하나님은 거룩한 생명을 가지신 거룩 그 자체라는 것으로, 오직 하나님만이 어둠이 전혀 없으심을 선포하고 있습니다. 이것은 하나님에 대한 최종 계시입니다.

이 말씀이 주어진 상황은 1세기 말입니다. 신약성경이 기록되는 마지막 시기입니다. 하나님의 자녀와 하나님의 교회가 큰 핍박 속에 고통 받고, 시련 속에 놓여 있었습니다. 신앙생활이 힘들었습니다. 더욱이 이때 이단 사상이 깊이 들어옵니다. 영지주의가 들어와서 하나님을 아는 지식을 왜곡합니다. 이제 교회와 성도들의 신앙생활이 흔들리기 시작합니다. '하나님, 하나님'을 부르며 하나님을 예배하면서도 하나님과 교제함이 나타나지 않고, 하나님과 함께함이 보이지 않습니다. 그 삶을 보니까 기쁨도 없고, 안식도 없고, 평강도 없습니다. 만족이 없습니다. 너무나 흔들리는 잘못된 신앙생활을 할 때, 하나님께서 사도 요한을 쓰시어 하나님의 본성을 다시 선포하십니다. 하나님은 빛이시고 거룩한 하나님이시라는 것을 기억하라는 것입니다.

성도 여러분, 하나님의 자녀는 항상 하나님으로부터 시작합니다. 하나님으로부터 모든 일을 생각하고 판단하며 하루를 시작합니다. 그런데 어떤 하나님이십니까? 여기에 문제가 되는 것입니다. 하나님을 생각하면 어떤 하나님의 속성을 먼저 생각하십니까? 성경은 거룩하신 하나님을 먼저 기억하고 묵상하라고 말씀합니다. 이것을 우리에게 계시해 줍니다. 왜냐하면 이 세상에 살면서 보면 먼저 전능하신 하나님, 사랑의 하나님, 위로의 하나님, 치유의 하나님부터 생각하게 됩니다. 맞습니다. 하나님은 그런 분입니다. 그러나 거기부터 시작하면 신앙생활이 잘못됩니다. 오늘의 문제에 대한 답을 얻지 못합니다. 초대교회 때도 똑같은 상황이 벌어진 것입니다. 그래서 하나님은 사도 요한을 통해서 다시 말씀하십니다. "하나님은 빛이시다. 거룩하신 하나님이다." 성경에 가장 많이 나오는 하나님의 속성에 대한 용어가 '거룩'입니다. 잊어서는 안 될 것입니다. 우리는 예수 그리스도 안에서 하나님이 누구신지를 압니다. 오직 예수 그리스도 안에서, 예수 그리스도가 하나님의 어떤 본성을 먼저 생각하셨는지를 우리는 생각하며 배워야 합니다.

특별히 예수님의 기도를 통해서 나타납니다. 예수님이 가르쳐주신 주기도문을 보면 사랑의 하나님, 전능하신 하나님, 치유의 하나님은 전혀 나타나지 않습니다. 예수님은 주기도문을 통해서 우리 마음속에 거룩하신 하나님을 먼저 기억하게 하십니다. 거룩하신 하나님 아버지, 그 하나님을 생각하며 기도하라고 가르치십니다. 또한 예수님 스스로 기도하셨습니다. 예수님의 기도문 중 가장 완벽하고 완전한 기도문은 요한복음 17장에 기록됩니다. 십자가를 지시기 전날 하신 기도입니다. 그 기도가 우리의 기도가 되어야 하는데, 그 기도문에 보면 십자가를 앞에 놓고도 위로의 하나님, 사랑의 하나님, 전능하신 하나님이라는 용어가 전혀 나타나지 않습니다. 치유의 하나님은 본 적도 없습니다. 예수님은 단 세 가지 표현을 사용하십니다. '아버지', '거룩하신 아버지', '의로우신 아버지'뿐입니다. 거룩하신 하나님 아버지 안에서만 십자가의 길을 갈 수 있기 때문입니다. 하나님의 뜻이 명백하게 이루어질 수 있기 때문에 예수님은 거룩하신 하나님을 우리에게 가르쳐주십니다.

예수님의 기도의 삶을 보면 항상 두 방식의 기도를 하신 것 같습니다. 첫째가 창조주 하나님, 천지의 주재시요 창조주이신 하나님, 유일하신 하나님 안에서 기도하셨습니다. 하나님 외에 다른 신은 없습니다. 그래서 하나님의 주권과 통치와 섭

리와 경륜 안에서 기도하십니다. 그 창조주 하나님이 내 아버지십니다. 그리고 두 번째가 하나님의 첫 번째의 속성으로 나타나는 거룩하신 하나님입니다. 항상 거룩하신 하나님입니다. 하나님만이 거룩하십니다. 참 하나님이십니다. 의로우신 하나님, 오직 여호와 하나님뿐입니다. 그 생각으로 충만하여 기도하시고, 하나님의 뜻을 분별하며 기도의 응답에 확신을 가지고 승리하신 것입니다. 따라서 우리도 모두 예수님을 본받아 창조주 하나님 아버지, 그리고 거룩하신 하나님 아버지를 생각하며 기도하고 신앙생활을 해야 할 것입니다.

하나님을 아는 바른 지식

성도 여러분, 하나님은 전능하신 분이 맞습니다. 그러나 전능하신 하나님만 생각하면 오늘 이 시대의 문제에 대한 답이 안 나옵니다. 이해가 되지 않습니다. 자, 이 세상에 폭력과 전쟁이 난무합니다. 불평등과 불의가 가득 차 있습니다. 전능하신 하나님은 뭐 하고 계신 것입니까? 전능하신 하나님께서 나타나셔서 이런 일들을 싹 제거해 버리셔야 되는데, 그렇지 않습니다. 전능하신 하나님이신데 도대체 이해가 되지 않습니다. 답이 없습니다. 특별히 우리 기도의 대부분이 자신의 소원을 비는 것입니다. 내 소원을 전능하신 하나님이 빨리 이루어주셔야 한다고 생각합니다. 그냥 조금만 하나님께서 움직이시면 다 해결되는 것인데, 내가 하나님의 자녀인데 전능하신 하나님은 어디에 계신 것입니까? 이런 의문에 빠져버리게 됩니다. 그래서 기도의 응답에 대한 확신을 갖지 못합니다.

특별히 십자가의 사역은 도대체 이해가 안 됩니다. 하나님께서 장난치시는 것입니까? 아들을 세상에 보내시어 고난을 받게 하셨다가 십자가에 피 흘려 죽게 하신 것은 쇼입니까? 전능하신 하나님께서 왜 이런 일을 하십니까? 새 판을 짜면 되는데, 전능하신 하나님의 능력이 나타나면 그렇게 하실 필요가 없지 않습니까? 이런 의문에 확실한 답을 얻을 수가 없습니다. 그러면 어떻게 됩니까? 추상적인 신앙생활을 하게 됩니다. 자꾸 다른 데서 원인을 찾습니다. 그러다가 회의에 빠지고, 실망하고, 절망합니다. 그 끝은 무엇입니까? 교회를 떠나는 것입니다. 하나님을 믿을 수가 없는 것입니다.

또한 오늘날 가장 큰 문제는 사랑의 하나님입니다. 하나님이 사랑이시라는 것은 맞습니다. 용어를 찾아보니 '하나님은 사랑이시다'라는 말씀은 많지만 '인애하신 하나님', '사랑의 하나님'이라는 말은 단 한 번도 나타나지 않습니다. 이것이 무엇을 의미합니까? 깊이 생각해야 합니다. 지금 이 세상에 많은 문제가 있습니다. 고통과 시련과 역경과 수많은 재난과 질병을, 사랑의 하나님이 살아 계시다면 계속 이렇게 내버려 두셔도 되는 것입니까? 아니지 않습니까? 특별히 하나님의 자녀가 핍박 속에 고통 받고 원형 경기장에 끌려가서 죽는데, 사랑의 하나님은 무엇을 하고 계신 것입니까? 도대체 전능하신 하나님, 사랑의 하나님이 이것을 아시면서도 어떻게 내버려두실 수가 있습니까? 어떻게 악인의 형통이 눈에 더 보입니까? 사랑의 하나님이 여기에서는 구체적으로 이해가 되지를 않습니다. 답이 나오지 않는 것입니다.

특별히 하나님의 진노, 심판, 지옥이 있다는 것은 말이 안됩니다. 사랑의 하나님이 추상적으로 우리에게 경고하는 것이지, 이러한 심판은 실제가 아니라고 생각합니다. 이렇게 잘못 끌려갑니다. 왜요? 사랑의 하나님이라고만 생각하니까요. 특별히 내가 사랑받는 하나님의 자녀라고 생각할 때는 더욱 더 심판, 진노, 지옥과 같은 것에는 관심이 없습니다. 안 믿어집니다. 그래서 오늘날 보십시오. 교회를 안 다닙니다. 나왔다 안 나왔다 합니다. 그러면서 자기는 다 천국 간다고 말합니다. 왜요? 사랑의 하나님이시니까요. '사랑의 하나님이신데 어떻게 지옥을 만드실 수 있어. 지옥은 없다.' 이렇게 되어

버립니다.

성도 여러분, 오직 거룩하신 하나님을 먼저 생각해야 합니다. 그 거룩하신 하나님이 전능하시고, 사랑하시는 하나님입니다. 이것을 잊어서는 안 됩니다. 오직 거룩하신 하나님 안에서만 모든 하나님의 역사가 구체적으로 이해가 되고, 그 속에서 답을 얻습니다. 거룩하신 하나님께서 그렇게 하실 수밖에 없는 것입니다. 심판과 구원이 동시에 나타나려면, 구원의 역사가 나타나려면 하나님의 아들이 이 땅에 오셔서 십자가를 지셔야 되는 것입니다. 피 흘려 죽으셔야 되는 것입니다. 거룩하신 하나님의 역사로만 십자가의 복음이 완전히 이해되고, 답으로 받아들여집니다. 죄 사함, 하나님께서 영생을 주시는 이 모든 것이 거룩하신 하나님의 구원의 역사입니다. 하나님의 방식입니다.

더욱이 하나님의 진노와 심판은 항상 옳은 것입니다. 마땅히 있어야 되는 것입니다. 거룩하신 하나님이시기 때문에, 죄를 미워하시고 심판하시는 분이기 때문에 반드시 있어야 되는 것입니다. 천국과 지옥은 마땅히 있습니다. 거룩하신 하나님이시기에 구원받지 못하고 거룩하지 못한 죄인은 지옥 가는 것이 마땅합니다. 그러나 거룩한 자로 하나님의 자녀는 천국에 가는 것이 당연합니다. 오늘날도 보십시오. 코로나19의

팬데믹 시대에 수많은 사람들이 고통 받고 죽습니다. 안타깝게도 우리 교인들 중에도 그 질병으로 돌아가신 분이 여러 분 계십니다. 사랑의 하나님이 이러시면 안 되고, 전능하신 하나님을 생각할 때는 못마땅합니다. 그러나 거룩하신 하나님은 옳으십니다. 그 안에서 하나님이 행하신 일을 이해하고, 아멘으로 응답하게 됩니다.

거룩하신 하나님과 그리스도인의 거룩

우리가 이 어려운 시기, 폭력과 수많은 불평등이 있는 불공정한 시대를 살다 보면 항상 하나님의 공의, 하나님의 정의를 부르짖습니다. 공의와 정의는 심판 속에 나타나는 것입니다. 옳고 그름, 선과 악이 명백히 나타나려면 하나님의 심판이 나타나야 됩니다. 오직 거룩하신 하나님 안에서만 이해되는 것입니다. 거룩하신 하나님을 모르면 도무지 하나님의 역사가 마음에도 안 들고, 이해가 되지 않습니다. 때문에 오늘 성경은 말씀합니다. "하나님은 빛이시라." 그분에게는 어둠이 조금도 없으시다는 것입니다. 빛이시기에 어둠이 조금도 없습니다. 어둠이란 사망의 권세요, 사탄의 권세요, 죄의 권세입니다. 하나님께는 그런 것이 전혀 없습니다. 깨끗하십니다.

완전하십니다. 거룩하신 분입니다. 거룩한 생명 그 자체입니다. 거룩 자체이시기 때문입니다. 하나님은 빛이시라고 선포하게 됩니다.

성도 여러분, 영생을 소유해야만 하나님의 자녀입니다. 그 영생이 무엇입니까? 하나님이 사시는 생명입니다. 거룩한 생명입니다. 그 생명이 내 안에 있어 이제야 비로소 내가 누구인지를 알게 됩니다. 얼마나 미천한 죄인인 줄을 압니다. 그리고 거룩하신 하나님을 바라보게 되고, 함께하게 됩니다. 거룩한 생명을 지닌 자는 마땅히 거룩을 추구합니다. 거룩함을 나타내는 삶을 목적으로 오늘을 살아가게 됩니다. 거룩한 생명, 영생이 내게 있기에 십자가의 복음만을 바라봅니다. 십자가의 도만이 완전한 도이며, 십자가의 길만이 구원의 길인 것을 알게 됩니다. 오직 십자가의 복음, 그 복음을 이제야 비로소 이해하고, 영접하고, 믿음으로 십자가 복음의 증인으로 살아가게 되는 것입니다.

그래서 하나님의 자녀는 빛 가운데 행합니다. 오늘 본문은 말씀합니다. "빛 가운데 행하라." 또 말씀합니다. "하나님이 빛 가운데 계신 것처럼 너희도 빛 가운데 행하라." 이것이 성도의 삶입니다. 그리스도인의 인생이 무엇입니까? 빛 가운데 행하는 것입니다. 거룩함을 추구하는 것입니다. 거룩하신 하나님과 함께하는 것입니다. 왜 그런 일을 합니까? 거룩하신 하나님께서 내게 은혜를 베푸시고, 나를 사랑하시고, 나와 함께하시기 때문입니다. 그래서 오직 거룩을 삶의 목적으로 오늘을 살아가게 됩니다. 이 빛 가운데 행하라는 것은 구체적으로 두 가지 의미를 갖습니다. 소극적으로는 말 그대로 어둠에 있으면 안 되는 것입니다. 죄 가운데 있으면 안 되는 것입니다. 어둠이요, 죄 가운데 있다는 것을 어떻게 압니까? 빛이 알려줍니다. 내가 죄 가운데 있을 때 사랑의 하나님, 용서의 하나님만 찾으면 죄에서 벗어나기 어렵습니다. 그런데 거룩하신 하나님을 찾으면 깨어 기도하게 됩니다.

또한 적극적인 의미로는 오직 예수 그리스도 안에서 연합해야 됩니다. 예수 그리스도 밖에서는 하나님께 가까이 갈 수가 없습니다. 거룩하신 하나님이시기에, 비록 죄인이지만 그 안에서 구원받은 죄인입니다. 예수 그리스도와 연합하여 예수 그리스도를 본받고, 예수 그리스도를 따르며 예수 그리스도께 순종할 때 하나님께서 빛 가운데에 거하게 하십니다. 이것을 기억해야 할 것입니다. 이것을 '성화'(sanctification)라고 합니다. 중요한 성경적인, 신학적인 용어입니다. 의롭다 칭함 받은 자는 거룩한 길을 갑니다. 성화란 곧 거룩을 의미합니다.

그런데 오늘날 보면, 이것이 왜곡되어서 성화의 삶을 이웃을 사랑하고 봉사하며, 많은 하나님의 일을 하고 전도하는 것으로 생각합니다. 그래서 자꾸 이런 훈련을 시킵니다. 여기에 초점을 맞춥니다. 이는 반은 맞고, 반은 틀립니다. 하나님의 말씀, 그 진리에서 보면 이것은 엉터리입니다. 생각해 보십시오. 우리 주변에 많은 불신자들 중에는 착한 사람도 있습니다. 착해 보이는 사람, 선행을 하고 이웃을 사랑하는 좋은 사람들도 많이 있습니다. 그렇다고 그들이 거룩을 삶의 목적으로 삼는 사람입니까? 거룩함을 나타내는 사람입니까? 전혀 아닙니다. 특별히 종교인들 중에 그런 분들이 많습니다. 많은 선행을 행합니다. 좋은 가르침을 줍니다. 그렇다고 그 사람이 거룩한 자입니까? 아닙니다. 거룩을 나타내는 사람입니까? 아닙니다. 단지 선을 행할 뿐입니다. 이것을 구별해야 합니다.

하나님의 자녀는 이미 거룩함을 받았습니다. 죄 사함 받고, 하나님의 의를 받고, 영생을 받았습니다. 그렇기에 거룩을 목적으로 살아갑니다. 거룩한 자가 되기 위해서 종교생활을 하는 것이 아닙니다. 다른 어떤 조건이 없습니다. 단지 내가 성도가 되었기에, 하나님의 자녀가 되었기에, 나 같은 죄인이 거룩한 자로 부름을 받았기에 하나님의 뜻과 거룩을 목적으로 오늘을 살아가게 됩니다. 우리가 많은 일을 해서, 많은 선행을 해서, '하나님께 영광'이라고 말해서 성도가 되는 것이 아닙니다. 천만의 말씀입니다. 이래서 착각하는 것입니다. 성경은 하나님께 영광을 명료하게 말씀합니다. 오직 거룩함을 통해서만 나타나는 것입니다. 부족하지만, 거룩을 지향함으로써 하나님께 영광 돌리게 됩니다.

거룩을 나타내는 삶

성도 여러분, 그러면 어떻게 해야 거룩을 나타내며, 거룩을 지향할 수 있습니까? 나 같은 죄인이 어떻게 그런 삶을 감히 살아갈 수 있습니까? 오직 하나님의 방식으로만 되는 것입니다. 오직 성령의 역사에 충성함으로, 오직 성령께 의존해야 됩니다. 그러면 성령께서는 항상 우리를 예수 그리스도께로 인도하십니다. 예수 그리스도와 연합하여 그리스도를 본받으며, 그리스도를 따르며, 그리스도께 순종하는 삶으로 이끕니다. 부족하지만 그 중심을, 그것을 하나님께서 기쁘게 받으시어 거룩한 자로 여겨주시는 것입니다. 얼마나 감사합니까!

이 거룩함을 나타내고 지향하는 삶은 단번에 되는 것이 아닙니다. 의롭다 칭함을 받고, 죄 사함을 받는 것은 단번에 됩니다. 그러나 성화의 삶은, 거룩을 목적으로 하는 삶은 평생 주가 부르시는 그날까지 진행되는 것입니다. 갑자기 되는 것도 아니요, 단번에 되는 것도 아니요, 저절로 되는 것도 아닙니다. 성령께 의존하여 이제 믿음으로 되는 것입니다. 붙들고, 의지를 가지고 많은 시간과 열정을 쏟아 부어야 가능한 것입니다. 삶의 목적으로 삼아야 가능한 것입니다.

기독교 역사에서 가장 충격적인 사건이 사도행전에 두 군데 나타납니다. 그것이 사도행전 2장과 5장입니다. 2장은 초대교회가 태동되는 사건으로 깜짝 놀랄 만한 일이었습니다. 많은 사람들은 그 2장만 생각합니다만, 그에 못지않게 놀랄 만한 충격적인 사건이 사도행전 5장에 나타난다는 사실을 같이 기억해야 합니다. 그것이 아나니아와 삽비라 사건입니다. 초대교회가 나타나서 복음이 증거되고, 하나님의 일에 힘쓰는 수많은 하나님의 사람들이 생겼습니다. 그 일이 진행되면서 교회가 든든히 세워져 가는데, 갑자기 아나니아와 삽비라 사건이 성경에 기록됩니다. 잘 아시지만, 다시 말씀드리면 이런 내용입니다. 많은 사람들이 하나님의 일에 헌신할 때 그 두 사람도 동참해서 자발적으로 그 일을 행합니다. 그때 많은 사람들이 불쌍한 사람들을 보고 자신의 전 재산을 팔아서 교회에 헌금합니다. 그 사건을 보고 그들도 따라하게 됩니다.

그런데 이것은 의무가 아니었습니다. 하나님께서 명령하신 것이 아닙니다. 자발적으로 그런 일이 이루어졌습니다. 그런데 문제는 이 아나니아와 삽비라가 하나님의 전에서, 사도 앞에서, 교회 앞에서 거짓말을 했습니다. 전 재산을 팔았지만, 상당량의 일부분만 바쳤습니다. 그런데 "전 재산입니다"라는 한마디에 위선이 있었습니다. 이에 하나님께서 진노하십니다.

　아니, 사랑의 하나님이시면 용서해 주시면 되지 않습니까? 다시는 그러지 말라고 하시면서 전능하신 하나님으로 그 사람을 뜯어고치시면 되지 않습니까? 치유의 하나님이시면 정신 차리고 회개하라고 하시면 되지 않습니까? 하지만 거룩하신 하나님께서는 거룩이 먼저 나타나야 하기 때문에 대표적인 사건을 일으키십니다. 죽여 버리십니다. 교회에서 아무것도 안 하는 사람도 많은데, 아무것도 바치지 않는 사람도 많은데, 재산의 상당량을 바친 아나니아와 삽비라 부부를 따로따로 죽여 버리십니다. 그것이 생생하게 성경 기록에 나타납니다. 이것이 초대교회 가운데 일어난 사건입니다. 하나님이 왜 이렇게 하신 것입니까? 무엇을 계시하시는 것입니까? 그 교인들의 마음에는 어떤 하나님이 꽉 박힌 것입니까? 거룩하신 하나님, 그 하나님의 계시 때문에 아나니아와 삽비라가 우리 대신 죽은 것임을 깨닫게 합니다. 하나님의 전은, 하나님의 교회는 거룩한 곳입니다. 하나님이 계시기 때문에 거룩하신 하나님을 먼저 생각하라는 것입니다. 아나니아와 삽비라는 많은 하나님의 일을 하고 헌신했지만 그 마음에 거룩이 없었습니다. 거룩이 전혀 없습니다. 위선과 교만은 하나님이 가장 싫어하시는 것입니다. 정확히 따지면 하나님은 거룩이 없는 인생을 미워하시는 것입니다.

이제 이 사건 뒤에 성경은 기록합니다. "이 교회가 든든히 서가며 부흥하더라." 교회 안팎에서 깜짝 놀랐습니다. 하나님께서 진노하셔서 두 교인을 죽이신 사건을 통하여 깜짝 놀랍니다. 이제 그들의 마음속에는, 하나님을 생각하면 딱 하나만 떠오릅니다. 바로 '경외'입니다. 그렇지 않습니까? 경외라는 것은 거룩하신 하나님을 생각할 때 드러나는 자연스러운 죄인의 마음입니다. 하나님을 두려워하는 마음이 생긴 것입니다. 왜요? 거룩하신 하나님이시기 때문입니다. 그러고 나서야 전능하신 하나님, 치유의 하나님, 복 주시는 하나님, 사랑의 하나님을 생각할 수 있는 것입니다. 그런데 거룩하신 하나님을 잊어버리면 모든 것이 다 망가집니다. 그래서 사도 요한을 통해서 하나님에 대하여 명료하게 선포하십니다. "하나님은 빛이시라." 깊이 생각해야 할 것입니다.

요한복음 17장에서 예수님께서는 하나님의 자녀를 위하여 중보기도를 하십니다. 17절에서 이렇게 기도하셨습니다. "그들을 진리로 거룩하게 하옵소서." 부활하신 주님께서도 오늘 이 기도를 하고 계십니다. 하나님의 교회를 위하여, 하나님의 자녀를 위하여 거룩하게 해달라고 기도하십니다. 왜요? 거룩을 지향해야 하나님께서 보호하시고, 이 땅에서 형통하며 승리하기 때문입니다. 하나님께 영광 돌리는 삶을 살게 하시기 위하여 예수님께서 기도하십니다. "그들을 진리로 거룩하게 하옵소서." 성도 여러분, 십자가의 복음은 항상 믿는 자로 하여금 성도 되게 하시고, 이 땅에서 거룩을 목적으로 살도록 역사하십니다. 살아 계신 그리스도께서는 하나님의 자녀가 항상 먼저 거룩하신 하나님을 생각하며, 거룩하신 하나님과 함께하며, 동행하여 거룩함을 나타내도록 인도하십니다. 영생을 소유한 하나님의 자녀는 영생의 빛에 이끌리어, 그 생명력에 이끌리어 거룩을 지향하며, 거룩함을 나타내기를 기뻐하며, 거룩하신 하나님과 동행합니다. 그렇게 하나님께 영광 돌리도록 인도하십니다.

기 도

전지전능하신 은혜의 하나님, 미천하고 어리석은 죄인이지만 복음의 빛을 비추어주시고, 하나님이 빛이심을 예수 그리스도 안에서 깨닫고, 영접하여, 이제 하나님의 자녀 된 정체성을 가지고 거룩을 지향하며, 인생의 목적을 거룩에 두어 하나님과 동행하며, 하나님께 영광 돌리는 승리의 삶을 살게 해주심을 진심으로 감사드립니다. 그러나 부지불식간에 거룩하신 하나님을 망각하여 하나님의 본성에 첫째가 무엇인지를 잊어버리고, 내 소원이 이루어지기를 바라며, 자기 행복에 이끌리어 거룩하신 하나님을 망각하며, 거룩하신 하나님의 이름을 높이지 못하고 잘못된 신앙생활을 하는 죄인을 용서하여 주시옵소서. 성령이시여, 항상 하나님은 빛이심을 기억하며, 거룩하신 하나님의 이름을 기뻐하며, 거룩하신 복음의 역사를 깊이 이해하고 영접하여, 오늘 모든 시대의 문제를 바라보고 답을 얻고 기도의 확신을 갖는, 응답의 확신을 갖는 모든 하나님의 자녀가 되게 지켜주시옵소서. 주 예수 그리스도의 이름으로 간절히 기도드리옵나이다. 아멘.

세상을 사랑하지 말라

이 세상이나 세상에 있는 것들을 사랑하지 말라 누구든지 세상을 사랑하면 아버지의 사랑이 그 안에 있지 아니하니 이는 세상에 있는 모든 것이 육신의 정욕과 안목의 정욕과 이생의 자랑이니 다 아버지께로부터 온 것이 아니요 세상으로부터 온 것이라 이 세상도, 그 정욕도 지나가되 오직 하나님의 뜻을 행하는 자는 영원히 거하느니라

요일 2:15-17

세상을 사랑하지 말라

현대 설교학에 지대한 영향을 끼친 미국의 신학자 프레드 크래독 박사가 헛된 것을 따르는 세상 사람들을 묘사하는 의미 있는 이야기를 전해주었습니다. 하루는 크래독이 삼촌 집에 갔다가 삼촌이 이제 막 입양한 개를 보게 되었습니다. 경주견이었던 그 개는 마루 한가운데에서 삼촌의 아이들과 이리저리 뒹굴며 즐겁게 놀고 있었습니다. 크래독이 개에게 물었습니다. "너는 왜 더 이상 경주를 하지 않는 거니? 너무 늙어서 그러니?" 그러자 개는 "아니야. 나는 아직 팔팔한 나이야. 경주할 힘은 충분해"라고 대답했고, "그래? 그러면 이제 이기기가 힘들어서 그런가보구나?"라는 질문에는 "아니야.

충분히 이길 수 있어. 아직도 나만큼 빠른 개는 별로 없어. 경주를 그만두기 직전까지 나는 전승을 했거든"이라고 대답했습니다. 이어서 "그렇다면 주인이 돈벌이가 안 돼서 너를 버렸나보구나"라는 물음에는 "그것도 아니야. 내가 주인에게 얼마나 많은 돈을 벌어줬다고!"라고 했습니다. "아니, 그렇다면 대체 왜 경주를 그만둔 거니?" 하고 묻자 개는 이렇게 대답했습니다. "그것은 어느 날 내가 쫓던 토끼가 가짜라는 것을 깨달았기 때문이야." 깊이 생각해 보시기 바랍니다.

세상을 대하는 태도들

성도 여러분, 여러분은 세상에 대하여 어떤 관점과 태도를 가지고 오늘을 살아가십니까? 우리는 이 세상 속에서 매일매일 방송과 뉴스, 그리고 인터넷을 통해서 세상에 관한 소식을 듣고 살아갑니다. 그때 세상의 소식에 대해 어떠한 판단과 생각을 하며 어떠한 태도로 살아갑니까? 이것이 중요합니다. 요한일서 5장 19절의 말씀입니다. "또 아는 것은 우리는 하나님께 속하고 온 세상은 악한 자 안에 처한 것이며." 이것은 요한일서의 최종 결론이며, 성경 전체의 최종적 선포입니다. '하나님의 자녀는 세상에 살지만 하나님께 속한 자다. 그러나 불신자와 세상은 악한 자에게 처했다. 사탄의 권세 아래 있다.' 이 놀라운 선포를 항상 기억하며 오늘을 살아가야 합니다.

예수님께서 이 세상에 오셔서 세상을 어떻게 대하며 살아야 하는지, 어떤 관점과 태도로 살아야 하는지를 명백하게 말씀하시고 본을 보여주셨습니다. 요한복음 7장 7절의 말씀입니다. "내가 세상의 일들을 악하다 증언함이라." 여러분도 예수 그리스도를 따라 세상에 대하여, 세상 모든 일에 대하여 악하다고 생각하며 오늘 살아가십니까? 그 사람이 하나님의 자녀입니다. 요한복음 17장 25절에서 십자가 지시기 전날의 예수님은 이렇게 중보 기도하셨습니다. "세상이 아버지를 알지 못하여도" 예수님은 이 세상이 그 많은 지식과 문명과 철학과 사상을 자랑한다 할지라도 도무지 하나님을 알지 못하고 하나님을 경외하지 않는다는 것을 분명히 아시고 이 세상 속에서 살아가셨습니다. 또한 요한복음 18장 36절은 빌라도 법정에서 빌라도에게 하신 말씀을 기록합니다. "내 나라는 이 세상에 속한 것이 아니니라." 즉 "나는 하나님 나라의 왕으로 왔지만, 하나님 나라는 이 세상 속에 속한 것이 아니라"는 것입니다. 이것을 알고 하나님 나라를 선포하며 살아가셨습니다. 그러나 불행하게도 오늘날 기독교는 역사 안에서 보면, 세상 속에 기독교 제국을 건설하려고 합니다. 기독교 나라를 세우려고 합니다. 참으로 엉터리입니다. 세상을 개혁하고 개선하는 일에 아주 몸부림칩니다. 하지만 그렇게 한다고 되는 것이 아닙니다. 아직도 세상에 대한 바른 관점과 태도를 갖지 못했기 때문에 그렇습니다. 하지만 이제 예수님께로 돌아와야 합니다.

성경은 세상이 어둠이라고 아주 간단명료하게 선포합니다. '죄의 권세 아래 있다. 사탄의 영향력 아래 있다.' 이것을 잊어서는 안 됩니다. 그래서 요한복음 1장 5절의 말씀을 항상 기억하십시오. "빛이 어둠에 비치되 어둠이 깨닫지 못하더라." 이 말씀이 모든 것을 계시해 주는 것입니다. 그런고로 하나님의 자녀는 창조주 하나님의 관점으로 오늘을 살아갑니다. 왜요? 그분이 나의 아버지, 아버지 하나님이시기 때문입니다. 창조주 하나님의 관점으로 생각해 보십시오. '창조주 하나님과 피조물' 그것뿐입니다. 창조주 하나님의 눈에는 모든 것이 피조물입니다. 그런데 이 피조물이 하나님을 경외하지 않습니다. 하나님께 영광 돌리지 않습니다. 얼마나 죄악 많은 세상입니까? 세상은 하나님 대신 많은 사상들을 말하고, 세상 관점을 말하고, 우상들을 만들고, 종교들을 만들어 갑니다. 하나님의 관점에서 이 세상은 어둠입니다. 또한 거룩하신 하나님의 관점으로 생각해 보십시오. 하나님이 보시기에 세상은 죄의 권세로 가득 찼습니다. 모두가 죄 중에 있고, 죄와 타협하며, 죄인으로 살아갑니다. 의인은 하나도 없습니다. 세상에서 아무리 성자, 종교 창시자, 참 훌륭한 분이라는 말을 듣고 높임을 받아도 하나님 보시기에는 천국에 들어갈 만한 존재가 못 됩니다. 단지 죄인 중의 하나일 뿐입니다. 이것을 잊어서는 안 됩니다.

영적인 눈을 밝혀주시는 성령

성도 여러분, 이 어둠의 세상은 인간의 눈을 어둡게 만듭니다. 죄의 권세는 항상 영적인 눈을 멀게 만듭니다. 이것을 기억해야 합니다. "하나님은 빛이시다." 그런데 세상이 인간의 눈을 어둡게 만들어 그 빛을 보지 못하는 것입니다. 예수님이 빛으로 이 땅에 오셨습니다. 그런데 그 빛을 보지 못합니다. 그만큼 어두운 것입니다. 전혀 빛을 인식하지 못한 상태에서 살아갑니다. 바로 이것이 인류의 비극이고 비참한 상태라는 것을 기억해야 합니다. 에베소서 1장 18-19절에 기록된 하나님의 말씀입니다. "너희 마음의 눈을 밝히사 그의 부르심의 소망이 무엇이며 성도 안에서 그 기업의 영광의 풍성함이 무엇이며 그의 힘의 위력으로 역사하심을 따라 믿는 우리에게 베푸신 능력의 지극히 크심이 어떠한 것을 너희로 알게 하시기를 구하노라." 성령께서는 하나님의 자녀의 눈을 뜨게 하십니다. 영적인 눈을 밝혀주십니다. 이러한 하나님의 역사가 내 안에서 일어나고 있는지, 내가 이것을 인식하며 오늘을 살아가는지 스스로 체크해 나가야 합니다. 세상은 인간의 영적인 눈을 멀게 합니다. 그러나 하나님의 빛은, 복음의 역사는, 성령의 역사는 그 눈먼 죄인의 눈을 뜨게 하십니다. 영적인 눈을 열어 하나님의 은혜와 사랑, 진리의 구원의 역사를 깨달아 알게 하시고 또 보게 하십니다. 성도 여러분, 하나님의 자녀로서 내 안에 이러한 놀라운 역사가 일어나고 있습니까?

미국 애리조나 주에 화석나무숲 국립공원이 있습니다. 이곳을 방문한 사람들은 호기심에 화석나무 조각을 하나씩 기념으로 들고 온다고 합니다. 그래서 관리 당국이 이런 호소문을 붙였습니다. "여러분이 나무 조각 하나만 가져가도 매년 14톤의 화석나무가 사라집니다." 더 이상 나무 조각을 가져가지 말라는 뜻입니다. 그런데도 계속 가져갑니다. 이후 더 많이 가져갑니다. 그래서 담당관이 화석나무 조각을 아무렇지 않게 가져가는 사람에게 왜 가지고 가는지 물었더니 이런 황당한 대답을 하더랍니다. "다른 사람들이 많이 가지고 간다고 하니 나도 부담 없이 가지고 갑니다." 이것이 세상풍조라는 것입니다. 세상이 이끄는 대로 끌려갑니다. 많은 사람들이 그렇게 하니까 나도 그렇게 갑니다. 육체적인 눈은 떴으나 하나님이 보시기에 영적인 눈이 멀었습니다. 빛을 보지 못합니다. 그러나 하나님의 자녀는 영적으로 눈이 열렸습니다. 영원한 세계, 영광된 세계, 신령한 세계를 바라보며 오늘을 살아갑니다.

하나님의 자녀가 이 세상을 살아 갈 때 가장 큰 유혹, 가장 큰 장애물이 무엇이라고 생각하십니까? 성경은 곳곳에서 그 질문에 답을 줍니다. 오늘 성경 말씀이 더욱더 그렇습니다. 바로 '세상'이라는 것입니다. '어두운 세상' 그 자체가 눈을 멀게 하니 하나님의 사람으로 살아가기 힘든 것입니다. 성령께서 하나님의 자녀의 눈을 뜨게 하니 더욱더 이 세상 속에서 살아가는 것이 힘든 것입니다. 분명 성경은 말씀합니다. "온 세상은 악한 자 안에 처한 것이다. 사탄의 권세 아래 처한 것이다. 어둠이다." 성도 여러분, 세상에 대한 분명한 관점과 태도를 가지고 오늘을 살아가십니까? 이 점이 중요합니다. 그렇지 못하면 부지불식간에 복음은 추상화되고, 하나님도 추상화되고, 세상 속에서 세상에 속한 자로 살아갈 수밖에 없습니다. 그러나 성령께서는 하나님의 관점으로 생각하고 판단하며 오늘을 살게 하십니다.

세상을 사랑하지 말라는 말씀의 의미

오늘 우리에게 주시는 하나님의 말씀입니다. "이 세상이나 세상에 있는 것들을 사랑하지 말라." 항상 기억해야 할 것입니다. 빛 가운데 거하며, 빛의 자녀로 살아가는 하나님의 자녀는 이 세상에 대하여 이와 같은 분명한 관점과 태도를 가지고 살아가야 합니다. 한마디로 "세상을 사랑하지 말라!"는 것이 창조주이시며 거룩하신 하나님의 뜻이며 요구입니다. 여기서 세상이 무엇인지를 알아야 합니다. 여기서 말씀한 세상은 하나님이 창조하신 세계를 말하는 것이 아닙니다. 이것을 분별해야 합니다. 요한복음 3장 16절은 "하나님이 세상을 이처럼 사랑하사"라고 말씀하지 않습니까? "God so loved the world", 매우 세상을 사랑하십니다. 이것은 바로 하나님이 창조하신 세상입니다. 피조 세계를 말합니다. 그 피조된 세계, 창조된 세계를 사랑하지 말라는 뜻이 아닙니다.

또한 세상을 사랑하지 말라는 것은 세상 속에서 살아가는 일반적인 인생을 말하는 것도 아닙니다. 결혼하고, 직업을 갖고, 취미생활을 하고, 여행을 가고, 사람을 만나는 것과 같은 일반적인 인생을 말하는 것이 아닙니다. 전혀 아닙니다. 그럼에도 불구하고 이 세상에 대한 잘못된 이해를 가져서 엉뚱하게 하나님의 뜻에 반하는 신앙생활을 하는 사람이 너무나 많습니다. 그 대표적인 것이 금욕주의라는 것입니다. 그러다 보니까 세상을 아예 떠나서 삽니다. 하나님은 세상의 빛과 소금으로 부르셨는데 세상을 등집니다. 왜 그렇습니까? 세상을 사랑하지 말라는 말씀을 단순히 따르려고 했기 때문입니다. 대표적인 것이 수도원 운동입니다. 산속 깊은 데 가서 수도생활을 한다는 것이 멋있고 거룩한 것 같아 보이지만, 그것은 진리를 왜곡하는 것입니다. 분별이 안 되어 아직도 그것이 좋아 보입니다. 참 모순입니다. 금욕적인 종교생활을 말하는 것이 절대 아닙니다. 산속으로 들어가는 것이 아닙니다.

또한 세상을 사랑하지 말라는 것은, 세상의 일을 하지 말라는 것도 아닙니다. 문화적인 일, 사회, 정치, 교육 등의 일에 종사하지 말라는 뜻이 전혀 아닙니다. 한국에서도 그렇지만, 특히 큰 영향력을 끼치는 미국의 어떤 교단을 방문하게 되면 이 세상을 사랑하지 말라는 것을 철저하게 문자 그대로 지키려고 합니다. '극장가지 마라, 영화 보지 마라' 등, 참으로 깜짝깜짝 놀라게 됩니다. 성경 어느 구절에서 이런 식으로 세상을 사랑하지 말라고 합니까? 그런 것이 아닙니다. '노래방

가지 마라, 춤추지 마라'와 이 말씀이 무슨 상관이 있습니까? 그런 것을 말하는 게 전혀 아닙니다. 이런 방식으로 생각하면 성경을 추상화하는 것입니다. 왜곡하게 됩니다.

그렇다면 세상을 사랑하지 말라는 것은 무슨 의미입니까? 하나님과 바른 관계를 맺는 하나님의 자녀의 인생에서 그 관계를 방해하는 장애물들, 그것에 빠지지 말라는 것입니다. 그것에 끌려가지 말라는 것입니다. 한마디로 하나님 중심의 인생이 아닌 것들을 따라가지 말라, 사랑하지 말라는 것입니다. 그것에 종속되지 말고, 한마디로 세상 중심의 삶을 살지 말라는 말입니다. 그런고로 이 세상이라고 표현하는 것을 영적으로 해석해야 합니다. 눈에 보이는 세상보다는 그 깊은 곳에 있는 영적이고 내적인 세상, 그것을 사랑하지 말고 따라가지 말라는 것입니다. 그런고로 먼저는 하나님 없는 세계관, 진리관, 인생관, 가치관을 따라가지 말라는 것입니다. 우리가 예수 믿기 전에는 이런 것이 자연스럽게 자리 잡고 있었습니다. 그런데 이것이 하나님과의 교제를 막습니다. 하나님을 추상화합니다. 그런고로 하나님 없는 그러한 관점들을 버리라는 말씀입니다. 한마디로 세상적 관점과 지식, 나를 끌어가는 그 판단을 버리라는 것입니다. 아무리 세상에서 소식이 많이 들려와도 거기에 끌려가지 말라는 말씀입니다. 왜요? 사탄의 권세, 사탄의 역사가 그 안에 있기 때문입니다. 철저히 영적인 것입니다. 더 나아가서는 하나님 없는 나의 삶의 방식, 생각, 태도를 버려야 됩니다.

세상에 살면서 세상에 대한 하나님의 방식을 따라가야지, 하나님 없는 방식을 따라간다면 세상에 질 수밖에 없습니다. 굴복할 수밖에 없는 것입니다. 그러다 보면 결국 이기적인 탐심과 정욕에 이끌려 자기 유익, 자기 행복, 자기 성공이 내 기도제목이 되는 식으로 살아가게 됩니다. 그 마음에 이웃을 사랑하는 것은 전혀 없습니다. 실천이 나타나지 않습니다. 그것을 버리라는 것입니다. 또한 인간이 만든 제도나 물질을 사랑하지 말라는 것입니다. 거기에 종속되지 말라는 것입니다. 대표적인 것이 돈이라고 예수님께서 말씀하십니다. 이 돈이 우상인 것입니다. 하나님과 돈은 함께할 수 없습니다. 온 인생을 시간과 열정을 돈 버는 데, 돈을 관리하는 데 쏟아 붓는 것입니다. 돈의 노예가 됩니다. 소유 중심의 삶을 살아갑니다. 이것을 버리라는 말씀입니다.

세상을 사랑하는 세 가지 모습

그래서 오늘 성경에 보면 아주 구체적이고 명료하게 세상에 대한 정의를 세 가지로 정리해 줍니다. 철저하게 영적인 것입니다. 첫째가 육신의 정욕, 'desire of the flesh'입니다. 세상 모든 것은 육신의 정욕이라고 말씀하십니다. 여기서 정욕이라는 것을 주로 나쁜 의미로만 생각할지 모르지만 전혀 아닙니다. 'desire'라는 것은 하나님이 주신 기본적인 욕구입니다. 삶의 동력입니다. 이것이 없으면 점점 늙어가는 것이고, 죽어가는 것입니다. 이것은 욕구이며, 갈망입니다. 하나님의 자녀는 아무리 나이 들고 죽음에 가까이 이르러도 하나님의 임재와 예수 그리스도를 갈망함이 더욱 커집니다. 이것은 좋은 것입니다. 선한 것입니다. 문제는 육신의 정욕이 나쁜 것입니다. 잘못 쓴 것입니다. 그야말로 육신의 생각에 이끌려가는 것입니다. 이것을 버리라는 것입니다.

그런데 가만히 생각해 보면 거창하게 육신의 생각이라고 할지 모르지만, 이에 대해 예수님께서 잘 알려주셨습니다. 먹는 것, 입는 것, 하나 더해 자는 것을 한번 생각해 보십시오. 육신의 생각이라는 것을 거창하게 철학적이고 종교적으로 말해봤자, 근본적인 것은 먹는 것, 입는 것, 잠자는 것입니다. 계속 이 생각을 합니다. 일상에서 여기에 초점을 맞춥니다. 여기서 만족이 되어야 행복하다고 생각합니다. 이것을 버리라는 것입니다. 왜냐하면 여기에 치우쳐 육신의 생각에 끌리면 하나님의 영광이 없습니다. 하나님께 영광 돌리는 데 힘쓰지 않습니다. 이웃사랑은 생각뿐입니다. 말뿐입니다. 스스로 생각해 보십시오. 어디에 문제가 있는 것입니까? 육신의 정욕이 내 안에 살아 넘치는 것입니다. 이것을 버리라는 것입니다.

또 하나는 안목의 정욕, 'desire of the eyes'입니다. 말 그대로 눈으로 보이는 것에 끌리지 말라는 것입니다. 외적 판단에 이끌리지 말라는 것으로, 내적인 것을 봐야지 외적인 것에 끌려서 판단하지 말라는 것입니다. 한마디로 물질 중심의 삶을 살지 말라는 것을 의미합니다. 일상에서 경험하듯이, 사람을 처음 만날 때 그 사람의 외모, 그가 지금 소유하고 있는 집, 직업이나 연봉, 자동차와 같은 것들을 통해 일단 판단합니다. 그것을 하지 말라는 것입니다. 그래야 세상을 이길 수 있는데, 현실은 계속 그것에 끌려갑니다. 거기서 나의 인생, 성취, 행복을 논합니다. 이러면서 어떻게 하나님의 자녀라고 말할 수 있겠습니까? 그래서 세상을 사랑하지 말라고 말씀하시는 것입니다. 특히 하나님의 자녀임에도 불구하고 이런 안목의 정욕이 두드러지게 나타나는 게 바로 결혼할 때입니다. 결혼할 대상자에 대해서 말하는 것을 가만히 들어보면, 그 사람의 신앙이나 내적이고 영적인 것을 말하는 게 아니라, 주로 외적인 스펙만을 따집니다. 그러려니 하면서도 '이분은 언제 철 드나' 하는 생각이 듭니다. 자꾸 조건이 앞서는 것입니다. 그러면서 이렇게 하나님께 기도합니다. "우리 행복하게, 하나님의 뜻대로 살게 해주십시오." 지금 뭐 하는 것입니까? 안목의 정욕을 버려야 합니다. 특히 오늘날은 외모지상주의에 끌려가고 있습니다. 이해는 되지만 그런 짓을 하지 말라는 것입니다.

또한 이생의 자랑, 'pride of life'입니다. 자기 삶 속에서의 자랑에 끌려가지 말라는 것입니다. 자기 과시, 자기 자랑, 자기를 높이는 것, 한마디로 잘난 체하지 말라는 것입니다. 생각해 보십시오. 오직 하나님의 은혜로 말미암아 믿음으로 하나님의 자녀 된 사람이 무엇을 자랑한다는 말입니까? 자랑한다면 하나님의 은혜를 자랑하고, 복음의 역사를 자랑하고, 예수 그리스도를 자랑해야지, 그 외에 무엇을 자랑하고자 하는 것입니까? 바로 그것이 하나님과 나 사이의 장애물입니다. 나를 망치는 것임을 기억해야 합니다. 예수님께서 말씀하시지 않았습니까? "나를 따르려거든 자기를 부인하고 나를 따르라." 자기를 부인하라는 것은 잘난 체하거나 자기를 높이는 일을 하지 말라는 것입니다. 그래야 예수 그리스도와 함께하고 하나님과 교제할 수 있는데, 항상 이 이생의 자랑이 나를 망치는 것입니다.

그런데 불행하게도 교회 안에 이런 일이 얼마나 많습니까? 아주 조용하게, 은밀하게 많습니다. 결국은 이것이 교회의 위기입니다. 초대교회에 지금 이 일이 생겼다는 것입니다. 그래서 "이생의 자랑을 버려라. 세상을 자랑하지 마라!" 강하게 하나님께서 명령하십니다. 오늘날 교회들을 보면, 대부분이 자기 자랑 때문에 무너집니다. 그러니 세상 사람이 '저 사람이나 나나 똑같네. 자기를 부인하고 주님을 따르라고 하면서 전혀 그렇지 않네'라고 생각합니다. 이것을 회개해야 합니다. 가장 대표적인 것이 직분입니다. 우리 교회는 아예 없고 없애다 보니 제가 많은 비난도 받고 그것 때문에 힘들었는데, 이 직분이라는 것이 추천되거나 임명되어야 함에도 출마로 변하는 것입니다. 출마가 되면 어떻게 됩니까? 선거운동을 해야 합니다. 선거운동의 대표적인 방법이 무엇입니까? 남을 낮추고 나를 높여야 됩니다. 여기서 이미 끝난 것입니다. 거기다 돈까지 써야 합니다. 하나님의 자녀라고 할 수 없습니다.

죄송하지만, 교단이나 교파 모임에서 더 심합니다. 하나님의 종이라고 하면서 여기서 만족을 못 해서, 그 자리가 마음에 들어서 출마할 수밖에 없습니다. 이 출마라는 것이 없어져야 됩니다. 출마하면 선거운동을 해야 하고, 선거운동을 하면 남을 높일 리가 없습니다. 남을 낮추고, 나를 높이게 됩니다. 그러다 보니 싸움이 나는데, 제가 그런 분들을 보면 항상 이런 생각이 떠오릅니다. '총회장 되면 천국 가기 힘든데 왜 저럴까?' 이생의 자랑, 이것을 버리라고 성경은 말씀하고 있습니다.

하나님을 사랑하는 사람

그러면서 성경은 왜 세상을 사랑하면 안 되는지 그 이유까지 조목조목 우리에게 알려주십니다. 귀를 열고 들어보시기 바랍니다. "아버지의 사랑이 그 안에 있지 아니하니." 세상을 사랑한다는 것은 아버지의 사랑이 그 안에 있지 않다는 것임을 하나님의 자녀에게, 교회에게 말씀해 주십니다. '하나님, 하나님과 함께하니 은총을 주소서. 하나님께 영광 돌리는 삶을 살겠습니다'라고 외쳐도, 정작 이 세상을 사랑하므로 하나님이 함께하시지 않는다는 것입니다. 하나님의 사랑이 전혀 함께하지 않습니다. 결국 스스로는 '빛 가운데 행하는 것 같지만, 아니다. 그것은 어둠의 행위다. 세상을 사랑하지 말라.' 성경은 말씀합니다.

또 하나는 "다 아버지께로부터 온 것이 아니요 세상으로부터 온 것이라." 즉 '세상은 육신의 정욕, 안목의 정욕, 이생의 자랑에 끌려가지만 이것은 전혀 하나님께로부터 나온 것이 아니다. 하나님의 뜻을 거역하는 것이다. 단지 장애물일 뿐이다. 그것을 회개하고 세상을 사랑하지 말라'고 말씀하십니다. 그리고 최종적으로 17절에 이렇게 말씀합니다. "이 세상도, 그 정욕도 지나가되." 그런 정욕들은 다 지나간다는 말입니다. "오직 하나님의 뜻을 행하는 자는 영원히 거하느니라." 즉 '이런 세상 것들은 다 소멸되느니라. 다 심판받아 없어지느니라. 이것이 세상의 역사다. 이것을 기억하고, 영원한 것을 사랑하며, 추구하며 오늘을 살라'고 성경은 말씀하고 있습니다.

오래전에 페르시아의 왕이 신하들에게 우주의 역사를 한눈에 볼 수 있게 조금 더 정확하게 기록하라고 명령을 했다고 합니다. 그래서 많은 학자들이 많은 자료를 찾아서 그것을 왕에게 갖고 왔는데, 보니까 너무 많습니다. 그래서 "내가 그것을 다 읽을 수 없으니까 좀 요약해 다오" 하며 다시 명령했습니다. 또 오랜 시간 동안 요약해서 한 권의 책으로 만들어 갖고 왔는데, 이미 시간이 오래 지나서 왕이 임종 때가 되어 읽을 수가 없었답니다. 그때 지혜로운 학자가 왕에게 단 한마디, 한 구절로 요약해서 귀에 들려주었습니다. "왕이시여, 역사는 있다가 없어지는 것입니다." 깊이 생각하고 연구해 보니까 역사는 결국 사라지는 것이라는 말입니다. 이것 하나만 알아도 세상에 매이지 않습니다. 성도 여러분, 오직 예수 그리스도만 영원합니다. 예수 그리스도로 말미암은 은혜와 진리만 영원합니다. 그 은혜와 진리를 따르며 하나님께 영광 돌리는 자만이 영원합니다. 하나님께서 말씀하십니다.

성도 여러분, 복음의 역사는 항상 영적이고 내적인 것입니다. 이것을 기억해야 합니다. 하나님의 자녀는 복음의 역사 안에서 살아갑니다. 내 안에 복음의 역사가 영적으로, 내적으로 항상 일어나는 것입니다. 그런고로 우리가 복음적 생각과 방식을 따라 살아가면, 저절로 세상적 생각과 방식은 작아지고 없어지는 것입니다. 자꾸 세상적 생각, 육신의 정욕, 안목의 정욕, 이생의 자랑들이 꿈틀거리고 내 안에서 나오고 있다면 지금 그만큼 복음적 생각과 방식이 사라진 것입니다. 자기 자신을 매일매일 복음 안에서, 복음의 역사 안에서 생각해 보십시오. 그래서 예수님께서 마태복음 6장 33절에서 말씀하십니다. "너희는 먼저 그의 나라와 그의 의를 구하라." 이것이 영원한 것이기 때문입니다. '영원한 것', 곧 영적인 것에 갈급하며 그것을 구하는 마음으로 살아갈 때 우리 안의 세상적인 것들이, 소멸될 수밖에 없는 것들이 작아지고 없어지기 때문입니다. 이처럼 하나님의 방식으로만, 복음의 방식으로만 우리는 세상을 이기며 오늘을 살아갈 수 있습니다.

그리고 하나님의 자녀가 누구인지 생각하십시오. 성경은 말씀합니다. "하나님께로부터 난 자들이니라"(요 1:13). 곧 하나님께로부터 출생한 자들입니다. 우리 안에 하나님이 사시는 거룩한 생명이 있다는 것을 기억하십시오. 그 생명이, 영생이 우리를 끌어갑니다. 하나님께로 끌어갑니다. 예수 그리스도께로 끌어갑니다. 거기에 집중할 때 세상적인 것이 사라지고, 작아지고, 없어지는 것입니다. 이것뿐입니다. 그래서 하나님의 자녀는 하나님 중심의 삶을 살아갑니다. 세상 깊은 곳에 있는 그러한 잘못된 방식과 태도를 알며, 버리며 오늘을 살아갑니다. 매일매일 내 안에서 체크해야 됩니다. 이런 삶을 통하여 그리스도인은 세상을 이기는 인생을 살아갑니다. 요한일서 5장 4절에 기록된 하나님의 말씀입니다. "무릇 하나님께로부터 난 자마다 세상을 이기느니라 세상을 이기는 승리는 이것이니 우리의 믿음이니라." 믿음의 눈이, 영적인 눈이 열릴 것입니다. 세상이 어떠한 상태인지를 이제 알고 살아가니, 세상에 살고 있으나 하나님께 속한 자로 영적이고 영생의 삶을 살며 승리하게 되는 것입니다.

그러기 위해서는 성령께서 역사해 주셔야 됩니다. 내 안에 있는 그런 세상적인 것들을 없애고 세상을 이기려고 하는 순간 더 자주 낙심되고, 절망하고, 실패합니다. 오직 보혜사 성령께 삶을 의탁해야 합니다. 성령께서는 예수 그리스도 안에서 그리스도를 따르는 삶을 살게 해주십니다. 내 안에 살아 계신 그리스도가 계심을 알게 하고, 인식하며, 그리스도만을 소망하며 살게 하는 것입니다. 그 순간에 내 안에 있는 세상의 잔재들이 작아지고 없어집니다. 오직 하나님의 나라와 하나님의 의를 먼저 구하며, 어둠의 세상을 인식하며, 세상의 모든 것들이 소멸될 것을 알며, 이제는 세상을 향하여 이기는 인생을 살아가게 되는 것입니다. 그래서 하나님의 자녀는 항상 하나님을 바라보아야 합니다. 창조주 하나님, 그리고 거룩하신 하나님의 관점으로 생각하며, 판단하며, 하나님의 은혜와 진리를 사모하며, 깊이 묵상하며, 하나님께 영광 돌리는 복음의 증인으로 살아가야 되는 것입니다.

기도

창조주이시며 거룩하신 하나님 아버지, 세상 속에 살며, 세상이
어떠한지를 모르는 무지무각한 상태에서 진노 아래 살아가는 미
천한 죄인이건만, 하나님의 강권적 은혜의 부르심 속에 믿음으
로 영의 눈을 뜨게 하시어 예수 그리스도를 나의 구주로 영접하
며, 이제는 세상을 향하여 이기는 믿음으로 권세 있는 삶을 살게
해주심을 진심으로 감사드립니다. 보혜사 성령이시여, 주의 자
녀를 불쌍히 여기시고 항상 주의 길로 인도하사 살아 계신 그리
스도가 내 안에 계심을 바라보고 소망하여 세상을 사랑하는 마
음을 제거하여 주시고, 세상을 이기는 인생을 살도록 강권하여
주시옵소서. 이 놀라운 역사가, 복음의 역사가 내 안에 나타남을
이제 내가 알고, 세상으로 알게 하는 형통한 삶을 살도록 지켜주
시옵소서. 우리 주 예수 그리스도의 이름으로 간절히 기도드리
옵나이다. 아멘.

하나님은 사랑이심이라

사랑하는 자들아 우리가 서로 사랑하자 사랑은 하나님께 속한 것이니 사랑하는 자마
다 하나님으로부터 나서 하나님을 알고 사랑하지 아니하는 자는 하나님을 알지 못하
나니 이는 하나님은 사랑이심이라 하나님의 사랑이 우리에게 이렇게 나타난 바 되었
으니 하나님이 자기의 독생자를 세상에 보내심은 그로 말미암아 우리를 살리려 하심
이라 사랑은 여기 있으니 우리가 하나님을 사랑한 것이 아니요 하나님이 우리를 사랑
하사 우리 죄를 속하기 위하여 화목 제물로 그 아들을 보내셨음이라 사랑하는 자들아
하나님이 이같이 우리를 사랑하셨은즉 우리도 서로 사랑하는 것이 마땅하도다

요일 4:7~11

08

하나님은 사랑이심이라

인도의 캘커타에는 1952년에 세워진 테레사 수녀의 '죽어 가는 자를 위한 집'이 있습니다. 테레사 수녀는 캘커타 거리 에서 죽어가는 사람들을 자신이 운영하는 그곳으로 데려와 청결하게 청소해 둔 예배당에서 정성껏 보살펴주었습니다. 그리고 늘 이렇게 말했습니다. "사람은 누구나 죽어갈 때 누 군가의 사랑을 받을 자격이 있습니다." 그 집은 항상 사람들 이 가득했습니다. 그곳은 비록 지붕이 낮고, 비좁고, 불빛도 희미했지만, 구석구석 깨끗하게 청소되고 잘 정돈된 장소였 습니다. 그곳에서 근무하는 한 간호사의 말입니다. "이곳에 서는 매일 신비한 현상이 일어나고 있습니다. 우리는 다 죽어가는 사람들만 이곳에 수용하고 있지요. 그런데 그들이 이곳에 와서 그리스도의 사랑을 배우게 되면, 그들은 소망을 가지기 때문에 결국 다시 살아납니다. 그래서 우리는 이곳을 죽음의 집이 아니라 소생의 집으로 개조할 계획을 가지고 있습니다." 깊이 생각해 보시기 바랍니다.

참된 사랑이란

성도 여러분, 사랑은 생명이며, 지혜이며, 능력입니다. 오직 사랑만이 인간을 변화시킬 수 있는 능력을 갖고 있습니다. 그래서 인간은 사랑을 주고받음으로 그 속에서 인생의 의미를 회복하고, 행복을 경험하게 됩니다. 그렇기에 모든 인간의 불행과 비극은 바로 여기에 있습니다. 사랑에 대한 무지입니다. 그리고 잘못된 사랑의 결과입니다. 이것을 기억해야 할 것입니다.

정신분석학자인 에리히 프롬이 쓴 『사랑의 기술』이라는 유명한 책이 있었습니다. 이 책에서 저자는 명료하게 선언합니다. '현대인은 사랑의 본질을 알지 못한다. 사랑에 대하여 무지하다. 그런 상태로 살아간다. 사랑의 능력을 상실한 채 살아가고 있다.' 그래서 이기적인 사랑, 왜곡된 사랑, 타락한 사랑에 이끌리어 방황하고 고통 받으며 불행을 경험하고 있다고 말합니다. 어느 가정에서 있었던 일입니다. 결혼한 아들과 딸을 한 명씩 둔 어머니가 있었습니다. 며느리가 아들과 부부 싸움을 하면, "그래도 여자가 참아야 한다. 남편을 이해하고 네가 참아야 해"라고 합니다. 그런데 딸이 사위와 부부 싸움을 하면, "아무리 남편이라도 따질 것은 따져야 돼. 옳고 그름을 따져야지"라고 한다고 합니다. 아마 이런 마음은 모두에게 있을 것입니다. 바로 이기적인 사랑 때문입니다. 여기서 비롯된 것이 '내로남불'인 것입니다.

저명한 정신과 의사인 스캇 펙 박사가 쓴 『끝나지 않은 길』이라는 책에서 저자는 사랑에 대해 명료한 선언을 합니다. "사랑하는 욕구 자체는 사랑이 아니다. 사랑은 의지에 따른 행동이며, 즉 의도와 행위의 결합이다." 항상 기억해야 할 것입니다. 그러면서 세 가지 잘못된 사랑, 사랑의 오해를 아주 간단하게 설명해 주고 있습니다. 첫 번째가 사랑에 빠지는 것입니다. 이것은 사랑이 아닙니다. 반은 맞고 반은 틀린 것입니다. 사랑에 빠져야 화끈한 사랑이고 진정한 사랑을 경험했다고 하지만 잘못된 것입니다. 왜요? 주관적인 것이요, 임시적인 것이기 때문입니다. 두 번째는 의존을 사랑으로 생각하는 것입니다. 사랑의 대상에게 의존하는 것, 그것은 속박입니

다. 서로 성장할 수가 없습니다. 사랑 때문에 매이고 싸우게
됩니다. 진정한 사랑은 서로가 성장해 가는 것입니다. 세 번
째 사랑은 느낌이라는 것입니다. 오늘날 이것이 가장 큰 문제
일 것입니다. '내가 체험적으로 느껴야 그것이 사랑이다'라
는 것이 잘못된 사랑임을 지적하고 있습니다. 그러면서 진정
한 사랑은 책임이며, 노력이며, 독립이라고 합니다. 깊이 생
각해 보시기 바랍니다.

에덴동산에 대한 유머입니다. 이브가 언제나 아담의 사랑
을 확인하려고 했다고 합니다. 그러던 어느 날 물었습니다.
"아담, 나를 사랑해?" "그럼, 사랑하지." 그런데 잠시 후 또
묻습니다. "아담, 나를 사랑해?" "그럼, 무척 사랑하지." 잠시
후에 또 묻습니다. "아담, 나를 사랑해?" 아담이 화가 났습니
다. "야, 여기 너 말고 누가 있냐?"

성도 여러분, 인간의 사랑과 하나님의 사랑은 항상 구별되
어야 합니다. 이것이 가장 중요한 것입니다. 인간 안에 있는
자연적인 사랑, 종교적인 사랑이 비록 내게 큰 충격과 감동을
줬다고 하더라도, 그런 사랑과 하나님의 사랑은 완전히 차원
이 다른 것입니다. 하나님의 자녀는 하나님의 사랑을 인식하
며, 그 사랑을 믿음으로 하나님의 사람이 된 것입니다. 그렇
기에 하나님의 자녀만이 영적 분별력을 가지고 참사랑이 무

엇인지를 알며, 하나님의 사랑의 증인으로 오늘을 살아가게
되는 것입니다.

하나님은 사랑이심이라

오늘 성경에서는 "하나님은 사랑이심이라"고 말씀합니다.
이것이 하나님의 선포입니다. "God is love." 얼마나 유명한
말씀입니까! "하나님은 사랑이시다." 사랑의 의미를 모르고,
사랑에 무지한 인류를 향해 주시는 복음의 선포입니다. 또한
사랑의 능력을 상실한 채 살아가는 하나님의 자녀에게 주시
는 복음입니다. 이 말씀은 하나님께서 사도 요한을 통하여 성
령 충만함으로 초대교회에 전하게 하신 하나님의 본성에 대
한 마지막 계시입니다. 또한 요한일서는 말씀합니다. "하나
님은 빛이시다." 하나님을 생각할 때 빛이심을 항상 생각해
야 합니다. 거룩하신 빛이십니다. 바로 하나님의 본성의 첫
번째인 거룩입니다. 그래서 인생의 목적은 거룩함을 나타냄
에 있습니다. 이것을 잊어서는 안 될 것입니다.

그리고 그 두 번째를 오늘 성경에서 말씀합니다. "하나님
은 사랑이시다." 하나님이 빛 되심을 잊어버리고, 오직 하나
님은 사랑이시라는 것을 먼저 생각하면 하나님으로부터 멀

어집니다. 잘못된 사랑 안에서 하나님의 사랑을 의심하고 떠나게 됩니다. 하나님과 교제하고 함께해야 하나님이 주신 복을 누립니다. 기쁨도, 은혜도, 평강도 누릴 수 있습니다. 그러기 위해서는 하나님이 누구신지를 바르게 알아야 합니다. 그것을 선포해야 합니다. '하나님은 빛이시다. 거룩한 하나님이시다.' 이것이 먼저입니다. 그 하나님이 세상 속에 나타나셨습니다. 구체적인 행위를 하셨습니다. 그 속에 하나님의 사랑이 나타나 있는 것입니다. 이 관계를 항상 인식하며, 분별하며 살아가야 합니다.

그래서 하나님의 사랑을 이해하려면, 사랑에 초점을 맞추지 말고 먼저 사랑을 주시는 하나님을 이해해야 합니다. 이것이 하나님의 방식입니다. 그래서 하나님을 아는 지식을 가지면 가질수록 하나님의 사랑을 이해하고, 깨닫고, 체험하게 됩니다. 그런데 반대로 하나님의 사랑으로만 자꾸 끌리면 그 사랑을 바로 알지 못하게 되고 또 하나님의 사랑을 왜곡시킵니다. 인간의 사랑 수준으로 낮추는 것입니다. 그래서 하나님의 사랑이 있는지 없는지 논쟁하다가 잘못된 신앙생활을 하게 됩니다. 오늘 우리 모두의 문제가 바로 여기에 있는 것입니다. 성경은 명료하게 하나님의 가장 확실한 구원의 역사가 바로 예수 그리스도를 통해서 나타난 것임을 선포합니다. 나머지는 다 예표입니다. 그런고로 하나님이 독생자를 이 땅에 보내셨다는 것을 항상 기억해야 합니다. 하나님이 세상에 독생자를 보내셨다는 그 속에 하나님의 구체화된 사랑이 계시되어 있는 것입니다. 그런고로 하나님께 초점을 맞춰야 합니다. 하나님이 누구시며, 무슨 일을 행하셨는지에 깊이 관심을 가져야 합니다.

그러면 하나님의 입장을 생각해 보십시오. 하나님은 왜 이렇게 하신 것입니까? 하나님은 왜 독생자를 이 땅에 보내신 것입니까? 창조주이시며, 전지전능하시며, 거룩하신 하나님께서 왜 이렇게까지 독생자를 세상에 보내신 것입니까? 의로운 세상도 아니고, 하나님을 대적하고 하나님이 없다고 하는 세상입니다. 하나님 앞에 진노의 자녀로 심판의 대상인 그들 속에 하나님은 왜 독생자를 보내신 것입니까? 이 질문의 답이 '하나님은 사랑이시다'입니다. 왜요? 하나님의 성품 때문에 하나님의 본성이 사건으로 나타난 것입니다. 인간의 사랑과 차원이 다른 것입니다. 그래서 오늘 성경 9절은 이렇게 기록합니다. "하나님의 사랑이 우리에게 이렇게 나타난 바 되었으니."

성도 여러분, "이렇게"라는 표현에 집중하십시오. 그 외에 대해서는 하나님의 사랑을 논하지 마십시오. 때로는 맞고, 때로는 틀리기 때문입니다. 잘못된 사랑에 끌리게 되기 때문입니다. "하나님의 사랑이 우리에게 이렇게 나타난 바 되었으니 하나님이 자기의 독생자를 세상에 보내심은 그로 말미암아 우리를 살리려 하심이라." 여기에 집중해야 합니다. 성육신 사건 속에 하나님의 사랑이 있는 것입니다. 그 안에서 하나님의 사랑을 온전히 깨닫지 못하면 어디에서도 하나님의 사랑을 이해할 수가 없습니다. 이제 그 사건 속에 나타난 사랑은 우리를 살리려 하십니다. 이것은 생명이요 능력입니다. 그 사랑이 내게 임하여, 그 사랑을 내가 받아 믿음으로 하나님의 자녀 된 것입니다. 진노의 자녀를 하나님의 자녀로, 죽은 자를 다시 살게 하시려고 지옥 갈 자를 천국으로 보내는 지혜요, 능력이요, 생명이 하나님의 사랑입니다. 이 사랑을 어찌 인간의 사랑과 연결해서 생각할 수 있겠습니까!

더 구체적으로 10절은 이렇게 말씀합니다. "사랑은 여기 있으니 우리가 하나님을 사랑한 것이 아니요 하나님이 우리를 사랑하사 우리 죄를 속하기 위하여 화목제물로 그 아들을 보내셨음이라." 미천한 우리의 죄를 사하시기 위해 하나님께서 독생자를 보내신 사건, 그 의도 속에 하나님의 사랑이 있는 것입니다. 또한 "그 일을 이루어 가기 위하여 아들을 화목제물로 삼으셨다", "십자가에 죽이셨다, 피 흘려 고통 받게 하시며 죽이셨다"고 합니다. 그 사건 속에 완전한 하나님의 사랑이 계시되어 있는 것입니다. 우리가 하나님을 모를 때, 원수 되었을 때, 대적할 때, 이처럼 불신앙 가운데 계속 살아갈 수밖에 없는 존재임에도 불구하고 하나님께서 독생자를 화목제물로 삼으셨습니다. 그러므로 완전한 사랑, 더 나아가 거룩한 사랑이라고 말하는 것입니다. 어떠한 인간의 사랑, 종교적 사랑과 비교할 수가 없는 것입니다.

십자가에 나타난 사랑

성도 여러분, 모든 종교는 사랑을 강조합니다. 그렇지 않고는 종교가 될 수 없습니다. 그러나 그 사랑과 기독교의 사랑이 비슷한 것입니까? 아닙니다. 차원이 다른 것입니다. 이것을 분별하지 못하니 종교적 대화나 연합과 같은 것을 계속 주장하면서 모든 종교는 사랑에서 하나라고 이야기하는 것입니다. 하지만 전혀 아닙니다. 이것을 분별할 수 있어야 합니다. 어떤 종교도 죽은 자를 살리지 못합니다. 지옥 갈 자를 천국에 보내지 못합니다. 우리 죄를 대신 사해 주지 않습니다. 우리에게 하나님의 의를 선물로 주지도 못합니다. 천국에 들어가게할 수 없다는 사실을 알아야 합니다. 오직 기독교의 사랑, 십자가 안에 나타난 그 사랑, 거룩한 사랑만이 믿는 자에게 능력으로 나타나는 것입니다. 그런고로 하나님의 사랑은 항상 예수 그리스도 안에서 이해되고 나타나야 하는 것입니다.

무엇보다도 성육신과 십자가의 사건 속에서 완전히 계시되었다는 사실을 잊어서는 안 됩니다. 내가 하나님의 사랑에 대해 의심하게 될 때, 잘못된 사랑에 있는지 아닌지를 생각해야 합니다. 잘못된 신앙생활을 할 때, 그때마다 성령께서 나를 예수 그리스도께로 인도하십니다. 십자가로, 성육신 사건으로 인도하십니다. 성도 여러분, 하나님께서 천지를 말씀으로 창조하셨습니다. 그러므로 말로 사랑을 표현할 수도 있습니다. 그러나 그렇게 하지 않았습니다. 아주 독특한 방식으로 직접 세상에 오시었습니다. 십자가에 죽으셨습니다. 이것이 하나님의 사랑입니다. 역사적 사건 속에 나타난 사랑입니다. 기독교만의 선포입니다. "하나님은 사랑이시다." 분명히 알고, 영접하고, 믿어야 합니다.

그러면 예수 그리스도 안에, 특별히 십자가 안에 나타난 완전한 사랑이요, 지혜요, 능력이요, 생명인 그 사랑이 무엇인지를 살펴보며 기억해야 할 것입니다. 그 사랑은 주권적인 사랑입니다. 하나님의 뜻대로 하는 사랑입니다. 세상의 어떤 상황에도 변하지 않습니다. 영향을 받지 않습니다. 어두운 세상이지만, 그런 세상에 전혀 영향 받지 않습니다. 먼저 뜻대로 사랑하신 것입니다. 오직 하나님만이 하실 수 있는 사랑입니다. 이것을 구별해야 합니다. 또한 그 사랑은 영원한 사랑입니다. 변하지 않는 사랑입니다. 조건부가 아닙니다. 불변의 사랑입니다. 그리고 그 사랑은 풍성한 사랑입니다. 무제한적인 사랑입니다. 넘치는 사랑입니다. 끝까지 하시는 사랑입니다. 그 십자가에 나타난 하나님의 사랑을 받을 때 우리는 흔들리지 않습니다. 그런데 십자가에서 벗어나면 하나님의 사랑을 의심하게 됩니다. 가룻 유다까지도 끝까지 사랑하셨다고 성경은 기록합니다.

또한 그 사랑은 거룩한 사랑입니다. 독특한 사랑입니다. 왜요? 죄 사함을 주는 사랑이기 때문입니다. 하나님의 의를 주는 사랑이기 때문입니다. 자격 없는 자에게 자격을 주는 사랑이기 때문입니다. 창조적인 사랑입니다. 그러므로 그 사랑에는 징계가 있습니다. 이것을 잊어서는 안 됩니다. 남의 자식이면 징계할 필요가 없습니다. 하나님의 자녀이기에 하나님께서 징계하십니다. 성장하게 하기 위하여, 성숙하게 하기 위하여, 단련시키기 위하여, 무엇보다도 하나님의 뜻이 이루어지게 하시기 위하여, 거룩하고 흠이 없게 하시려고, 최종 목적이 이루어지게 하시기 위하여 사랑을 하나님의 방식으로 나타내십니다. 그렇기에 거룩한 사랑인 것입니다.

그리고 그 사랑은 희생적인 사랑입니다. 말로만의 사랑이 아닙니다. 생각만의 사랑이 아닙니다. 이 땅에 오시어 십자가에서 피 흘리시며, 고난 받으시며, 죽기까지 하셨습니다. 이 사랑을 어찌 잊을 수가 있겠습니까? 이것이 십자가의 사랑입니다. 이것을 신학적으로 한마디로 이렇게 표현합니다. "아가페." 하나님의 거룩한 사랑이 아가페입니다. 그 사랑은 예수 그리스도 안에, 성육신 안에, 십자가 안에 나타난 사랑을 의미하는 것입니다. 오직 그 십자가의 사랑을 믿음으로 우리는 하나님의 자녀가 되었습니다. 그러므로 분별할 수 있는 것입니다. 하나님의 사랑과 인간의 사랑, 하나님의 사랑과 나의 사랑이 무엇이 다른지를 분별하며, 하나님의 사랑의 증인으로 오늘을 살아가야 합니다.

젊은 학생이 저명한 신학자 칼 바르트에게 한 유명한 질문입니다. "평생의 연구를 통해 발견하신 가장 중요한 신학적 사실이 무엇입니까?" 위대한 신학자 칼 바르트는 깊이 생각한 후에 이렇게 말해 주었다고 합니다. "예수님이 나를 사랑하신다는 것입니다. 성경이 내게 그렇게 말해 줍니다." 성도 여러분, 완전한 하나님의 사랑을 이해하고 믿는 자는 성경 어디를 펴도 다 하나님의 사랑으로, 사랑의 말씀으로 들릴 것입니다. 그것이 무서운 징계든, 심판이든, 진노든 그 안에 하나님의 거룩하신 목적이 있기 때문입니다. 성경 전체가 이제 하나님의 말씀으로 들리는 것입니다.

그래서 성경은 말씀합니다. "우리가 서로 사랑하자." 항상 기억해야 할 것입니다. 여기서 '우리'는 '하나님의 자녀'를 말합니다. "하나님의 자녀들이여, 서로 사랑하자." 성도 여러분, 이 말씀이 그리스도인의 인생입니다. "서로 사랑하자." 그래서 11절에 명백하게 선언합니다. "사랑하는 자들아 하나님이 이같이 우리를 사랑하셨은즉 우리도 서로 사랑하는 것이 마땅하도다." 그렇습니다. "서로 사랑하는 것이 마땅하도다." 그런데 이 마땅한 삶을 살지 않는 이유는 하나님이 이같이 사랑하심을 망각했기 때문입니다. 예수 그리스도의 사건을 떠나 살기 때문입니다. 아직도 하나님의 사랑에 대한 확증이 없기 때문입니다. 다시 예수께로 돌아가야 합니다. "이같이 사랑하셨으므로 서로 사랑하는 것이 마땅하니라."

하나님께 속한 사랑

그러면서 우리가 서로 사랑해야 할 이유, 그 마땅한 이유를 다시 강조해 주고 있습니다. 7절에서 이렇게 말씀합니다.

"사랑은 하나님께 속한 것이니." 항상 기억해야 합니다. 참사랑은 어디 있습니까? 하나님께 속한 것입니다. "Truth love is from God." 참사랑은 하나님께 속한 것임을 망각하면 잘못된 사랑에 빠질 수밖에 없습니다. 이기적인 사랑, 왜곡된 사랑은 다 하나님을 떠난 사랑입니다. 무엇보다도 성경은 선포합니다. "하나님의 자녀란 하나님께 속한 자다." 하나님께 속했으므로 하나님께 속한 그 사랑을 아는 것입니다. 아니, 그 사랑을 알고 믿었기에 내가 하나님의 자녀가 된 것입니다. 그런고로 서로 사랑하는 것이 마땅하다고 하십니다. 또 이렇게 말합니다. "사랑하는 자마다 하나님께로부터 나서." 즉 거듭난 자는 서로 사랑하는 것이 마땅하다는 말씀입니다. 우리가 어떻게 거듭났습니까? 십자가의 복음을 믿음으로, 하나님의 은혜와 사랑을 깨닫고 영접함으로 하나님의 자녀가 되었습니다. 그러므로 서로 사랑함이 마땅하다는 것을 잊어서는 안 될 것입니다.

그리고 세 번째는 이렇게 말씀합니다. "하나님을 알고." 하나님을 아는 지식이 서로 사랑하는 자로 만들어갑니다. 하나님의 성품을 알고, 능력을 알고, 역사를 알면 알수록 하나님의 자녀는 서로 사랑하며 사랑의 사람으로 변해갑니다. 그래서 성경은 명확하게 못을 박습니다. 8절에 이렇게 기록합니다. "사랑하지 아니하는 자는 하나님을 알지 못하나니." 이것은 엄청난 선언입니다. 나는 그리스도인이요, 하나님의 자녀요, 평생 교회에서 신앙생활을 했는데, 그것이 어쨌다는 말입니까? 그 속에 무엇이 있습니까? 내 삶의 동력이 무엇입니까? 하나님께서 물으십니다. "너는 서로 사랑했느냐?" "사랑하지 아니하는 자는 하나님을 알지 못한다." 왜냐하면 하나님은 사랑이시기 때문입니다. 성도 여러분, 오늘날 하나님은 사랑이시라고 말하는데 어떤 사랑을 말하고 있는 것입니까? 나는 정말 하나님의 사랑의 증인으로 참사랑을 실천하며 오늘을 살아가십니까? 그렇지 않다면 아직 사랑이 무엇인지를 모르는 것입니다.

중국 선교의 아버지인 허드슨 테일러의 유명한 일화가 있습니다. 이분이 어느 날 마을 전도를 위해 나룻배를 하나 빌렸습니다. 돈을 주고 빌린 것입니다. 그런데 중국인 부자가 갑자기 그 배를 자기가 타겠다고 합니다. 그러다가 선교사님을 밀쳐서 진흙탕에 넘어지게 했습니다. 옷과 소지품, 신발이 다 더러워졌습니다. 그러고도 아랑곳없이 배에 먼저 탄 것입니다. 그때 뱃사공이 이렇게 말했답니다. "죄송하지만, 당신은 이 배를 탈 자격이 없습니다. 왜냐하면 당신이 밀쳐버린 저분이 돈을 지불하고 이 배를 빌렸기 때문입니다. 당신은 내려야 합니다. 저분은 중국 사람이 아니라 영국 선교사입니다." 이 말에 그 선교사를 보니 자기가 한 짓이 너무나 부끄러워 내리려고 했습니다. 그때 선교사님이 이렇게 말했답니다. "보아하니 몹시 급한 일이 있는 모양이죠? 비록 배가 좁기는 하지만 같이 타도 될 것 같습니다. 저와 함께 타고 가시죠." 그렇게 같이 타고 가는 중에 너무나 부끄러워서 이 중국인 부자가 다시 묻습니다. "저같이 무례한 사람에게 화도 내지 않고 어찌 친절을 베푸실 수 있습니까?" 그때 대답한 허드슨 테일러의 말입니다. "물론 제 힘으로는 그렇게 할 수 없습니다. 저는 그런 사람이 못 됩니다. 그러나 제 안에 있는 그리스도의 사랑이 그렇게 하도록 만든 것입니다."

성도 여러분, 오늘 성경은 복음을 선포합니다. 그 십자가의 복음을 믿음으로 우리는 하나님의 자녀가 되었습니다. 그런즉 우리는 이제 그 사랑의 증인으로 살아가야 합니다. 복음은 명료하게 하나님은 빛이시고, 하나님은 사랑이시라고 선포합니다. 거룩한 사랑이 십자가에 나타났음을 명백하게 사건으로 계시하고 있습니다. 그 복음을 믿는 자가 하나님의 자녀입니다. 그러므로 성경은 말씀합니다. "우리도 서로 사랑하는 것이 마땅하도다." 즉 원수까지 사랑하는 것조차도 마땅한 것입니다. 하나님의 자녀는 이 세상에서 복음의 증인으로 택함을 받은 사람들입니다. 성도 여러분, 서로 사랑하며 내 삶 속에서 하나님의 사랑을 나타내며 살아가십니까? 서로 사랑함을 통해서 하나님의 은혜와 평강과 안식과 기쁨을 체험하며 오늘을 살아가십니까? 이 어두운 세상에서, 혼탁한 사랑의 가치관을 갖고 있는 이 시대 속에서 하나님의 자녀는 참사랑이 무엇인지를 분별하며, 인식하며, 그 사랑의 확신 속에 사랑을 증거하고 실천하며 오늘을 살아가야 합니다.

본 교회 북한 사역 중에 북한의 고아들을 돕는 사역이 있습니다. 20년 전에 한 번 생각했습니다. '이 세상에서 가장 어두운 곳이 어딜까? 가장 불쌍한 사람들이 누구일까?' 북한에 있는 고아들입니다. 이 사역은 함경북도 나진시에 고아원을 세우고 거기에 있는 고아들을 돕는 사역입니다. 기도하며 서로 사랑하자는 이 말씀에 이끌리어 이 일에 우리 모두는 동참해야 할 것입니다. 주보를 보면 그 방법이 잘 나타나 있습니다. 보혜사 성령께서 하나님의 자녀 안에 계시어 항상 우리를 아가페의 증인으로 살게 하십니다. 예수 그리스도 안에 연합하여 그리스도를 따르며, 하나님의 거룩한 사랑을 증거하는 삶을 기뻐하며, 소원하며 오늘을 살게 강권하십니다. 이제 우리는 어두운 세상에 복음의 빛을 전하며, 하나님의 거룩한 사랑을 증거하며, 서로 사랑하여 하나님께 영광 돌리는 승리의 삶을 살아가야 할 것입니다.

기 도

오직 한 분이신 창조주 하나님, 하나님의 거룩한 사랑을 힘입어 예수 그리스도 안에서 믿음으로 하나님의 자녀가 되었지만, 아직도 잘못된 사랑에 이끌리어 왜곡된 사랑의 결과로 스스로 불행을 자초하며, 기쁨과 평강을 상실한 채 어둠에 어둠을 더하는 미련한 사람을 용서하여 주시옵소서. 십자가의 복음이 명료하게 하나님은 사랑이시라고 선포하고 있건만, 아직도 그 사건 속에 나타난 거룩한 사랑을 바르게 알지 못하여 방황하는 죄인을 불쌍히 여겨주시옵소서. 성령이시여, 거룩한 사랑, 완전한 사랑이 하나님께 속하였음을 알고, 예수 그리스도 안에서 그 사랑의 증인으로 서로 사랑하며, 복음의 증인으로 세상을 향하여 승리하는, 하나님께 영광 돌리는 모든 주의 자녀가 되게 지켜주시옵소서. 우리 주 예수 그리스도의 이름으로 간절히 기도드리옵나이다. 아멘.